MEINEM MANNE, LEHRER UND REISEGEFÄHRTEN

EDUARD SELER

ZUM 70STEN GEBURTSTAGE GEWIDMET

Caecilie Seler-Sachs

Frauenleben im Reiche der Azteken

Verone

Caecilie Seler-Sachs

Frauenleben im Reiche der Azteken

1st Edition | ISBN: 978-9-92500-093-7

Place of Publication: Nikosia, Cyprus

Erscheinungsjahr: 2016

TP Verone Publishing House Ltd.

Nachdruck des Originals von 1919.

VORWORT.

Im März dieses Jahres 1919 waren vierhundert Jahre verflossen, seit Hernan Cortés zuerst den Fuß auf amerikanischen Boden setzte. Mit Staunen und Bewunderung muß uns die Eroberung dieses Landes durch die Spanier erfüllen, so sehr wir auch die Grausamkeit, mit der sie in's Werk gesetzt wurde, den religiösen Fanatismus, Goldgier und Abenteuerlust verdammen mögen, die ihre Triebfedern waren. Die Eroberung Mexikos hat der kulturgeschichtlich so bedeutenden Epoche der Entdeckungen ohne Zweifel ein bedeutsames Blatt hinzugefügt. Und die Erinnerung an die große Zeit kann nicht unbemerkt vorüber gehen.

Es ist ein seltsames Zusammentreffen, daß gerade in diesem Erinnerungsjahr die Sehnsucht vieler Deutschen, die sich durch die trüben Verhältnisse im Vaterlande veranlaßt sehen eine neue Heimat zu suchen, nach Mexiko drängt, wo sie sicher sind, gern aufgenommen zu werden. Man wird aber in einem Lande besser und schneller heimisch, wenn man etwas von seiner Vergangenheit weiß. Denn durch sie wird uns das Verständnis mancher Verhältnisse der Gegenwart näher gebracht.

So können die Seiten dieser kleinen Schrift vielleicht den alten Freunden dieses merkwürdigen Landes sowohl, wie seinen künftigen neuen Bürgern einige Anregung geben, sich mit seiner vergangenen und versunkenen, reichen Kultur näher zu befreunden.

Aber weder die vierhundertjährige Gedenkfeier der Eroberung, noch der Wunsch, den Auswanderer in das Leben des alten, noch immer lebendigen Aztekenvolkes einzuführen, das ich während wiederholter Reisen lieb gewonnen habe, waren die Veranlassung zur Entstehung dieses Buches. Es drängte mich, einiges von dem, was ich erschaut, was ich gelesen, in einem kleinen Bilde zusammenzufassen. Ich trug mich lange mit dem Gedanken zu dieser Arbeit, und es ist ein seltsamer Zufall, daß sie gerade zu dieser Zeit vollendet wurde, die zu einem Rückblick in die Vergangenheit und zu einem Ausblick in die Zukunft auffordert.

Ich betrachte dieses Zusammentreffen als ein günstiges Vorzeichen dafür, daß es ihr gelingen wird, sich einige Freunde zu erwerben.

Steglitz im Juni 1919

CAECILIE SELER-SACHS

Die Inhaltsangabe ist auf S. 107 abgedruckt.

Der Popocatépetl.

I. EINFÜHRUNG.

Was uns ein fremdes Volk näher bringt als die Kenntnis von seinen Kriegen, Eroberungen und Städtegründungen, seinen Wanderschaften und Handelszügen, das ist die Bekanntschaft und Vertrautheit mit seinem täglichen Leben. Was uns die Geschichte nicht geben kann, vermögen uns Volkskunde und Altertumskunde eher zu vermitteln. Sie bringen uns in ein menschliches Verhältnis zu räumlich und zeitlich weit entlegenen Völkern. Die alten Bewohner des Orients und der römisch-griechischen Welt stehen uns schon seit jeher vertraulich nahe. Weist uns doch unser ganzes Leben, das auf dem ihren ruht, auf ihm weiter gebaut hat und mit seinen Anschauungen gesättigt ist, auf sie hin. Nie ist die Überlieferung ganz zerrissen gewesen. Ihre Sprachen sind den unsern verwandt. Eine nimmer rastende, reich belohnte Forschung hat allmählich fast verschüttete Quellen wieder aufgedeckt und fließen machen. Man führt uns von frühester Jugend in das Leben der Griechen und Römer, Ägypter und Babylonier hinein, daß wir darin heimisch werden. Und ein Gespräch mit einer

Griechin oder Römerin könnte behaglich dahinplätschern ohne daß es zu argen Unebenheiten zu führen brauchte,

Wie anders steht es um die Gewinnung solcher Vertraulichkeit zu den Kulturvölkern des fernen Westens. Lange haben dichte Nebelschleier über der Vergangenheit Amerikas gehangen, und erst seit verhältnismäßig kurzer Zeit ist es der mühselig vordringenden Forscherarbeit weniger Gelehrten gelungen, sie langsam zu lüften, das Dunkel allmählich zu erhellen. Hier gab es keine Überlieferung, keine Schrift. Dagegen wurzelfremde Sprachen und eine stammfremde Rasse, mit deren späten Nachkommen auch heute die Verständigung auf manche Schwierigkeiten stößt.

Die Wissenschaften aber, die in vergangene Zeiten hineinleuchten und vordringen, gelangen alle einmal an einen Punkt, wo es ihnen nicht mehr genügt Einzelheiten zusammenzutragen, sondern wo der Versuch gemacht werden muß, ein Lebensbild der erforschten Völker aufzubauen; wo es ihnen nicht mehr genügt, nicht mehr genügen kann, geschichtliche Tatsachen festzulegen, aufgedeckte Bauwerke zu beschreiben, Mythen zu sammeln, sondern wo die unendlich vielen Einzelheiten aus allen Lebensgebieten, die der Sammelfleiß aufgestapelt, zu lebendigen Bildern sich zusammenschließen und zu formen beginnen. Wenn Gräber durchwühlt und Ruinenstätten ausgegraben sind, baut sich langsam ein Ganzes auf aus Monumenten und Gebilden der Kleinkunst, aus Schmuck und Hausrat, aus Bildnissen und Spielereien. Allgemach löst sich aus dem Nebel der Vergangenheit ein farbiges Bild nach dem andern heraus, und allgemach ist es dahin gekommen, daß wir uns vom Leben versunkener Völker und Kulturen andere Vorstellungen machen, als noch vor Jahrzehnten, daß wir zu begreifen begonnen haben, wie Jahrhunderte und Jahrtausende nichts am Kerne des Menschentums geändert haben und alle Fremdheit und alle Verschiedenheit nur im Äußeren beruht.

Es liegt im Menschen, sich mit eifrigem Bemühen in die Möglichkeiten und Bedingungen anders gearteter Verhältnisse und fremden Menschentums hineinzudenken und einzufühlen. Es ist das Künstlertum, das im Menschen steckt und von dem ein gut Teil auch in jedem Forscher stecken sollte, damit seine Arbeit lebendig werde, das Künstlertum, das nach Gestaltung ringt. Diesem Drange verdanken wir den geschichtlichen Roman. Haben doch alle Zeiten und Völker und Kulturen den Dichtern Stoffe geliefert. Und sie zögerten nie, von jedem neu erschlossenen Gebiet Besitz zu nehmen. Aber Neuland will gut beackert sein, ehe es Frucht zu tragen vermag. Und die Vergangenheit der vom schillernden Schleier der Romantik umwobenen Länder von Mexiko und Perú ist solch ein Gebiet, das der Beackerung harrt.

Die ihre Phantasie in jenen Gebilden tummelten, merkten — oder hätten merken sollen — daß noch zu wenig gebahnte Pfade durch das Dickicht des Urwalds führten, daß in das dichte Schattendach noch nicht genügend Sonnenstrahlen drangen, um bunte Blumen erblühen zu lassen.

Keinem aber kann es verwehrt sein, unter den vielen bereits zusammengetragenen Steinen, solche herauszusuchen, die zueinander gehören, und so ein kleines Mosaikbild entstehen zu lassen, das einen winzigen Ausschnitt aus dem reichen Kulturleben eines alten Volkes zeigt. Vielleicht gelingt es mir, aus solchen Steinchen das Bild des Lebens der Frauen und Kinder im alten Mexiko zur Zeit Motecuhzomas, der Zeit, in der die mexikanische Kultur unter dem wuchtigen Anprall der europäischen niederbrach, zusammenzusetzen — so lückenhaft ein solcher Versuch auch bleiben muß.

Der Quellen sind nicht viele, die uns Auskunft geben über das tägliche Leben der Bewohner des vorspanischen Mexiko, da sie trotz ihrer reich entwickelten Kultur keine

Schrift besaßen. Zudem aber hat eine grausame Eroberung und fanatischer Bekehrungseifer die in Bildern vorhandenen Aufzeichnungen als heidnischen Greuel verbrannt, die Bauwerke vernichtet, die Götterbilder zerschlagen, soweit sie irgend erreichbar waren und jede Überlieferung geflissentlich unterdrückt und auszurotten getrachtet. Was trotz alledem gerettet wurde, gestattet ein vielleicht annähernd richtiges Bild von der äußeren Erscheinung, ja in gewissen Grenzen auch von der Tätigkeit der Frauen zu gewinnen. Wir sehen uns jedoch völlig im Stich gelassen, sobald wir Aufschluß über tiefer liegende Dinge begehren. Über die soziale und rechtliche Stellung der Frau, über ihr inneres Leben, ihr Verhältnis zum Manne erfahren wir sehr wenig. So wenig, daß wir uns fast zu der Annahme gedrängt sehen, das sonst so reich entwickelte Leben im alten Aztekenstaat sei in diesem Punkt auf einer recht niedrigen Stufe stehen geblieben. Wir dürfen aber nicht vergessen, wer die Männer waren, die uns Aufzeichnungen hinterlassen haben aus der Zeit, als sie zuerst mit der fremden Kultur in Berührung kamen: Krieger, Mönche, goldhungrige Abenteurer. Ihre Interessen lagen in anderer Richtung. Und über ihren Verkehr mit Frauen, der sich wahrscheinlich nur nach einer bestimmten Seite hin entwickelte, haben sie nicht für nötig befunden, Bericht zu erstatten. Vermutlich spielte sich auch das Leben der Frauen größtenteils in der Zurückgezogenheit des Hauses ab, zum mindesten das der vornehmen Frauen. Und wen interessierte damals das Leben des niederen Volkes?

Viererlei Art sind die Quellen, aus denen wir schöpfen können. Vornehmlich kommen die Bilderschriften in Betracht und die Überreste von Kunst und Handwerk. Weiter die Aufzeichnungen der Eroberer und Missionare und die ihrer Schüler. Endlich die Kenntnis vom heutigen Leben der Indianer.

Die beiden ersten dieser Quellen — Bilderschriften und

Überreste alter Kunstfertigkeit — sind einwandfrei, weil sie der Zeit entstammen, in der noch keines Europäers Fuß das Land betreten hatte. Aber leider fließen sie spärlich, wo es sich darum handelt, Aufschluß über das Leben des Alltags zu erhalten. Die Darstellungen der Bilderschriften sind vorwiegend religiösen, augurischen, kalendarischen Inhalts. Sie enthalten priesterliche Weisheit, oder es sind Flurkarten. Hier und da sind auch kriegerische Ereignisse festgehalten, Eroberungen, Gefangennahme besiegter und tributpflichtig gemachter Feinde. Tracht und Schmuck der Gottheiten und ihrer Priester sind in Form und Farbe meist symbolischer Art, mit Attributen überreich ausgestattet, und die Handlungen, in denen diese Gestalten uns vorgeführt werden, bringen natürlich nur selten einmal das Tun und Treiben gemeiner Sterblicher zur Anschauung. Die einzige Bilderschrift, die mit voller Absicht das tägliche Leben darstellt und auch die Frau in der Ausübung einiger ihrer Obliegenheiten zeigt, stammt aus der Zeit, da die Spanier schon einen Teil ihres Zerstörungswerkes getan hatten: es ist der Codex Mendoza, den der Vizekönig dieses Namens von kundigen Indianern malen ließ, um dem fernen Könige einen Begriff vom Leben und Treiben seiner neuen, braunen Untertanen zu vermitteln. Er entstand um das Jahr 1540 und ist mit Erläuterungen versehen. Trotz dieser verhältnismäßig späten Entstehungszeit darf er als zuverlässig gelten, da die Kenntnis vieler alter Bräuche noch nicht geschwunden war. Was aber den Teil der Bilderschrift anbetrifft, der vom täglichen Leben handelt, so spricht für ihn die Übereinstimmung der Darstellung mit den Lebensgewohnheiten der heutigen eingeborenen Bevölkerung indianischen Stammes. Allerdings trägt diese Handschrift schon die Spuren ihrer späten Entstehung, denn sie ist zwar sorgfältig, aber sehr schematisch gezeichnet.

Als dritte Quelle haben wir die Berichte, die in den ersten Jahrzehnten nach der Eroberung von Spaniern oder schriftkundigen Indianern, deren es damals schon gab — da die Spanier sofort mit der Missionierung begannen — gemacht wurden. In diesen findet sich auch mancherlei über die Frauen der Eingeborenen. Das Werk, aus dem sich am reichlichsten schöpfen läßt, ist das Buch des Fray Bernardino de Sahagun, „Historia General de las Cosas de Nueva España". Es ist die hauptsächlichste Quelle für das Dichten und Trachten, für Glauben und Staatseinrichtung, für Kunst und Gewerbe des Azteken-Volkes. Er befragte die alten Priester und Häuptlinge über ihr Wissen um diese Dinge und ließ sie von ihnen in ihrer eigenen Sprache — in dem damals noch klassischen Nahuatl — niederschreiben. Fünfzig Jahre nach der Eroberung war noch viel alter Brauch im Tale von Mexiko, und Entschwindendes war durchaus noch nicht Vergessenes. — Noch andere Bücher geben Nachricht, aber keines in dieser Fülle und Zuverlässigkeit, und es war ein gütiges Geschick, das die Handschrift des Sahagun vor der ihr von fanatischen und kurzsichtigen Priestern zugedachten Vernichtung rettete und uns die erste Niederschrift sowohl, wie eine Abschrift davon erhielt. Doch ist — wenn auch gewiß unabsichtlich — ohne Zweifel manches, was von den Missionsschülern berichtet wurde, durch eine christlich angehauchte Brille gesehen, oder es ist von ihnen in solchem Sinne berichtet worden, um sich keinen Verweisen oder Strafen auszusetzen.

Was wir aus dem Codex Mendoza oder dem Werke des Sahagun erfahren, bezieht sich fast ausschließlich auf das Tal von Mexiko und seine Bewohner, die Azteken. Über die Sitten anderer Gebiete und Stämme sind wir auf wenige andere Schriftsteller angewiesen, und was wir in ihnen über die Frauen finden, ist gleich Null. Es kann allerdings mit größter Wahrscheinlichkeit angenommen werden daß sich die Sitten, Anschauungen und Lebensformen dort nicht wesentlich von denen des großen kulturellen und politischen Brennpunktes unterschieden.

Es bleibt noch die vierte Quelle zu besprechen, die frisch und lebendig sprudelt — das Leben der gegenwärtigen, eingeborenen Bevölkerung. Man mag vielleicht zweifeln an ihrer Zuverlässigkeit nach so langen Jahren ohne Tradition, ohne Zusammenhang mit der Vergangenheit und der alten Kultur, dagegen fortdauernder Beeinflussung durch Europäer. Man darf jedoch die Zähigkeit des Volkslebens nicht unterschätzen. Hat sich doch in unserm weit beweglicheren Europa so vieles von uralten Sitten und Gebräuchen bis ins modernste Leben der Großstädte erhalten und hinübergerettet. Wie viel mehr in jenen Breiten, wo das Leben nicht so schnell rollt, in den dichten Wäldern und rauhen Gebirgen, die den Verkehr hemmen, unter einer Sonne, die träge macht, im Schoße einer beharrungsfreudigen Bevölkerung. So kommt es, daß in der Lebensweise der Indianer vieles aus alter Zeit bewahrt geblieben ist. Wir dürfen auch nicht vergessen, daß wir es hier mit den unteren Schichten der Bevölkerung zu tun haben. Die Großen des Landes, seine Fürsten wurden bald hispanisiert, die Priester wurden verfolgt und durch Mönche und Missionare ersetzt. Die Intellektuellen werden schon früh erkannt haben, welche Vorteile durch engen Anschluß an die Kultur der neuen Herren sich ihnen eröffneten. Sind doch die oberen Gesellschaftschichten stets beweglicher in Sitten und Anschauungen, fähiger und auch leichter bereit, sich auf neuen Bahnen zurechtzufinden, als die breiten, zähen Massen. Aber wenn auch in Mexiko die Klassen scharf geschieden waren, so wird doch in Nahrung, Kleidung und anderen Bedürfnissen des täglichen Lebens große Übereinstimmung geherrscht haben, die schon in den durch die Natur gegebenen Verhältnissen begründet lag. Und wenn wir sehen, wie all diese Dinge heut so vielfach denen gleichen, die uns in Bilderschriften gezeigt und von Conquistadoren und Missionaren erzählt und geschildert werden, so dürfen und müssen wir dieser lebendigsten aller

Quellen Vertrauen schenken. Nicht etwa ganz unbedingt, so daß wir alles, was wir heute bei der eingeborenen Landbevölkerung antreffen, einfach auf die Vergangenheit übertragen, sondern nur, was übrig bleibt, wenn wir versuchen auszuscheiden, was europäischen Ursprungs ist. Das wird aber durchaus nicht immer schwierig sein.

Auf Grund dieser Quellen baut sich mein Versuch auf, das Bild des Lebens von Frau und Kind zusammenzusetzen und anschaulich zu machen. Des Lebens, wie es sich vermutlich in dem der Eroberung unmittelbar vorausgehenden Zeitabschnitt, d. h. in dem Reiche Motecuhzomas, vornehmlich in dessen Hauptstadt, Tenochtitlan, abrollte. Da der Menschengeist stets gleiche Entwicklungsbahnen durchläuft, so darf man nicht allzusehr erstaunen, vielem zu begegnen, was mit unsern Anschauungen nicht nur in keinem Widerspruche steht, sondern geradezu ihnen entlehnt, mit ihnen aus gemeinsamer Wurzel erwachsen zu sein scheint. Und die alte Frage drängt sich auf, ob es wirklich nur die Gleichartigkeit menschlicher Entwicklung ist, die wir in solcher Übereinstimmung zu sehen haben, oder ob wir Zusammenhänge mit andern, weit entfernten Kulturkreisen annehmen müssen. Sie wird auch hier nicht ihre Lösung finden.

Weibliche Tonpuppen vom Hochtal von Mexiko.

Beutelratte (tlacauatzin).

II. SCHWANGERSCHAFT UND GEBURT.

Mit dem Tage der Empfängnis beginnt das neue Leben. Mit dem Tage, da die Frau fühlt, daß sie schwanger ist, wird dieses Leben erkennbar und tritt in den Kreis der Gemeinschaft ein. Daher macht die jungverheiratete Frau, sobald sie sich ihrer Hoffnung bewußt wird, sofort ihren Eltern davon Mitteilung. Diese richten ein Festmahl her, bei dem Blumen und Rauchtabak ebenso wenig, wie bei irgend einem festlichen Mahle fehlen dürfen, und laden das ganze Dorf oder den Stadtbezirk dazu ein. Und nachdem man gegessen und getrunken hat, redet ein Alter von der Sippe der Frau zu den Festgenossen.

Auch heute liebt der Indianer feierliche Reden und selbst im alltäglichen Gespräch bedient er sich gern immer wiederkehrender Redewendungen. Es scheint jedoch, daß die Vorliebe für lange, zeremonielle Reden bei den alten Azteken in ganz besonders hohem Grade ausgebildet war. Sahagun verzeichnet deren für jeden sonderlichen Anlaß im Leben. Sie begleiten den Menschen vom Mutterleibe an während seines ganzen Erdenwallens. Bei jeder festlichen Gelegenheit, bei jedem Lebensabschnitt, jeder Schicksalswendung wurden sie gehalten, schwungvoll, poetisch und ganz durchtränkt von der tief religiösen, ethischen, schwermütigen und düsteren Lebensauffassung der Azteken, die auch dem Indianer des heutigen Mexiko als Erbteil geblieben ist. Manch gutes Wort, kluge Lebensregeln, Ermahnungen, Frömmigkeit und rührende Liebe zum Kinde ist in ihnen zu finden. Alles umrankt von feststehenden Wendungen, zumal bei der Anrede, zum Schluß und bei Erwähnung der Götter. Überschwengliche Höflichkeit spielt eine große Rolle. Aber manche dieser Reden würde auch im Munde eines modernen Europäers nicht allzu fremdartig klingen.

Der Alte spricht also zu den Festgenossen: „Hört alle, die ihr hier versammelt seid nach dem Gebote unseres Herrn, des allgegenwärtigen, ich will euch einige Worte sagen, wenn auch auf bäurische und rohe Art, euch, unsern Nächsten, denn hier hat euch unser Vater zusammenberufen, Yoalliehecatl (Finsternis und Wind), der allgegenwärtig ist." Nach dieser Einleitung werden die Versammelten mit schattenspendenden Bäumen verglichen, als Schutz und Zuflucht der Armen und Bedrängten gerühmt und wegen der Pflichttreue bei Wahrnehmung ihrer Ämter und Obliegenheiten. Damit soll gewissermaßen der neue, noch ungeborene Mitbürger ihrer Fürsorge empfohlen werden. Nach langer Vorrede kommt er endlich zur Sache, die kurz mit folgenden Worten abgetan wird: „Hört also, die ihr hier gegenwärtig seid, alle die ihr hier beisammen seid, ihr alten Männer und Frauen, wisset alle, daß unser Herr Erbarmen mit uns gehabt hat, denn er hat in die junge Frau, die jungverheiratete, einen Edelstein gelegt, eine Schmuckfeder, denn die junge Frau ist schwanger. Es scheint, daß unser Herr ein Kind in sie gelegt hat." Dann wird der Ahnen gedacht, die schon dahin gegangen sind, und nachdem er sich weitschweifig wegen seiner schlechten Rede entschuldigt hat, schließt er: „Wir zweifeln nicht, daß unser Herr euern armen Mitbürgern einen Sohn oder eine Tochter schenken will. Nur das wollte ich sagen, nur das solltet ihr hören. Ruhet nun aus und erfreuet euch in Wohlergehen[1]"

Trotz dieser wahrlich nicht kurzen Ansprache ist er doch der Meinung nur wenige Worte gesagt zu haben, um ihnen mitzuteilen, daß Gott der Neuvermählten ein Kind schenken werde, Darauf folgt die nicht weniger lange Antwort eines der Begrüßten, in dem der Frau und dem zu erwartenden Kinde einige Worte mehr gewidmet werden, die sich aber etwa in demselben Gedankenkreise bewegt. In ihr findet der stets wache Gedanke an den Tod Ausdruck, an die Vergänglichkeit alles Geborenen, die Erwägung, daß das Neugeborene so schnell wieder dahinscheiden könne, wie es erschienen ist. Diese Wendung, der wir in jeder Rede begegnen, die sich auf ein Neugeborenes bezieht, gestattet den Schluß auf große Säuglingssterblichkeit, die ja stets mit großer Fruchtbarkeit gesellt ist. Beide Erscheinungen finden sich auch unter der heutigen Eingeborenenbevölkerung.

Es folgen noch viele Reden an die Schwangere, an das junge Ehepaar von den Ältesten der Gemeinde und von den Eltern, die Antworten der Frau an ihre Eltern, ihre Schwiegereltern usw. Alle sind inhaltlich ziemlich übereinstimmend. Auch mangelt es darin nicht an guten Ratschlägen für die Frau.

Wenn es sich um ein erstes Wochenbett handelte, so war es natürlich notwendig, der Schwangeren Verhaltungsmaßregeln zu geben. Das geschah gewiß am häufigsten durch die eigene Mutter, aber auch die Wehmutter, deren Hilfe man schon früh in Anspruch nahm, erteilte Ratschläge. Es sind teils die naturgemäßen, überall geübten — nichts Schweres heben, sich vor Schreck hüten, allem Ärger aus dem Wege gehen, nichts essen, was dem Kinde schaden könne, denn in richtiger Erkenntnis der Abhän-

[1] Ständige Schlußformel

gigkeit der Frucht von der Mutter, wußte man, daß die Nahrung der Mutter auch die des Kindes war. Doch lief auch viel Aberglauben mit unter, für den ja die geheimnisvollen Vorgänge der Zeugung, der Schwangerschaft, der Geburt von jeher einen günstigen Nährboden bildeten. So mußte die Frau sich hüten, das Haus im Dunkeln zu verlassen, denn die Begegnung mit einem Gespenst mußte dem Kinde Schaden bringen. Als Vorbeugungsmittel wurde geraten etwas Herdasche auf dem Körper, unmittelbar auf der Haut zu tragen, sei es auf der Brust, oder unter dem Gürtel. Sie durfte auch keinen Erwürgten[1] sehen, keine Sonnen- oder Mondfinsternis. All das hatte für das Kind die eine oder andere Krankheit zur Folge. Hierfür galt als Gegenmittel ein auf der Brust getragenes schwarzes Obsidianmesser. Sie durfte auch keinen chicle[2] kauen, damit das Kind keinen harten Gaumen bekäme, der es am saugen hindere. Auch konnte das Kurzatmigkeit hervorrufen. Schaden brachte es auch Rotes zu sehen, weil das Kind dadurch Seitenlage erhielt und die Geburt erschwert wurde. Sie mußte ferner darauf achten, keinen tamal[3] zu essen, der am Topf festhakte, sonst stand eine schwere Geburt bevor, weil das Kind im Mutterleibe auch festhakte. Und wenn die junge Frau am Tage schlief, so mußte sie darauf gefaßt sein, ihren Sprößling mit einem entstellten Gesicht zu sehen.

Doch auch der Vater mußte sich vor manchem dieser Zufälle hüten, da auch durch seine Unvorsichtigkeit aller Wahrscheinlichkeit nach, das Kind Krankheit mit auf die Welt bringen würde. Hier haben wir es wohl mit einer Parallele zum männlichen Kindbett zu tun.

Der wertvollste Rat, den die junge Frau von der Hebamme erhielt, war sicherlich die Warnung vor dem ehe-

---

[1] Todesstrafe durch Erwürgen. [2] Das Harz aus dem Saft des Chicozapote-Baumes, der bei den Nordamerikanern beliebte chewing gum. [3] Gefüllter Maiskloß. Siehe Abschnitt Küche.

lichen Verkehr. Sonderbar aber ist die Ansicht, daß er im Beginne der Schwangerschaft noch mäßig zu pflegen sei, weil das nötig sei zum Gedeihen der Frucht.

Wenn nun die Entbindung bevorstand, versammelten sich die Alten — will sagen die Verheirateten — abermals, hielten schöne Reden und holten die Wehmutter und es wurden lange Gespräche zwischen ihr und einer verheirateten Verwandten der jungen Frau geführt, ehe sie ihr Amt antrat. Nie wird dabei unterlassen der Götter Erwähnung zu tun, die mit der Zeugung, mit der Geburt, mit den Bädern, mit dem Schutz des Kindes in Verbindung gedacht wurden.

Im siebenten oder achten Monat badete die Wehmutter die Schwangere. Sie unterließ aber dabei die sonst im Bade üblichen Schläge auf den Rücken, schlug sie dagegen auf den Bauch, damit das Kind in eine richtige Lage komme. Das Bad durfte beileibe nicht heiß sein, auch warnte sie die Frau, Bauch und Rücken weder in der Sonne, noch am Feuer heiß werden zu lassen, damit die Frucht nicht etwa geröstet werde und Schaden leide.

Wohlhabende Familien ließen die weise Frau schon mehrere Tage vor der Geburt holen, und vornehme Frauen hatten deren mehr als eine um sich, die die ganze Zeit bei ihr blieben. Sobald sie ihre Stunde nahen fühlte, wurde sie ins Bad gebracht.

Dieses Bad — temazcalli — ist noch heutigen Tages in der alten Art im Gebrauch. Ein runder, backofenähnlicher Bau ist dicht neben dem Hause angebracht und nur von diesem aus betretbar. Die runde Form ist erst durch die Spanier eingeführt worden, da man in Amerika nicht zu wölben verstand. Die alte Form ist nicht überliefert. In diesen Raum werden erhitzte Steine gelegt, Wasser darüber gegossen, daß sich Dampf entwickelt, und das Schwitzbad ist fertig. Diese Art zu baden spielte und spielt noch heutzutage eine große Rolle in der Heilkunst der Mexikaner.

Es verknüpften sich daher auch religiöse Vorstellungen und Gebräuche damit, und das Schwitzbad stand unter dem besonderen Schutze der Göttin Teteoinnan[1] oder Toci[2], der großen Göttermutter, die in dieser Eigenschaft Temazcalteci — Großmutter der Schwitzbäder — genannt und deren Bild in diesen Bädern aufgestellt wurde.

Nach dem Bade gab man der Gebärenden einen Trank aus der Wurzel eines Krautes, das ciuapatli[3] — Frauenmedizin — heißt, das die Eigenschaft besitzt, die Frucht auszustoßen, also die Geburt zu erleichtern und zu beschleunigen. Waren aber die Schmerzen sehr stark, so wurde etwa eines Fingers Länge vom Schwanze des Tieres tlacuatzin — Beutelratte — gemalen und in einen Trank gemischt, den man ihr einflößte. Dann ging die Geburt unfehlbar leicht von statten. Von der merkwürdigen und starken Wirkung dieses Tieres wird folgende Sage erzählt: einstmals fraß ein Hund eine Beutelratte. Alsobald gingen alle Eingeweide, mitsamt der Leber, von ihm ab, so daß nichts mehr in seinem Leibe blieb.

Wenn trotz Verabfolgung dieser beiden Mittel die Geburt noch nicht erfolgte, so ahnte der Hebamme nichts Gutes, sie sah den Tod der Gebärenden voraus und unter allen Anwesenden erhob sich großes Weinen. Doch wurde nichts unversucht gelassen. Die Wehmutter hob die Frau hoch, faßte ihren Kopf mit beiden Händen, schüttelte ihn, schlug ihren Rücken mit Händen oder Füßen und ermahnte sie zu Anstrengung und Tapferkeit, nach dem Vorbilde der großen Göttin Ciuacouatl-Quilaztli, der ersten Gebärerin. Schließlich wurde sie nochmal ins Bad gebracht und geschlagen, und wenn das Kind eine schlechte Lage hatte, so richtete die Hebamme es gerade. Wenn das alles nutzlos blieb, so trug man die Frau in ein ver-

[1] Unsre Mutter [2] Großmutter [3] Es gibt verschiedene Pflanzen dieses Namens.

schlossenes Zimmer, und niemand als die Wehmutter durfte bei ihr bleiben. Diese betete eifrig und rief alle Geburtsgöttinnen zu Hilfe. Wenn aber die kluge und geschickte Wehmutter sah, daß die Frucht abgestorben war, so führte sie die Hand in die Scheide ein, zerschnitt das Kind mit einem Messer und zog es stückweis heraus.

Dieser Eingriff ist das Einzige, was eine Art Geburtshilfe darstellt, zu wenig, um einen hohen Begriff von den chirurgischen Kenntnissen und Hilfsmitteln der alten Azteken zu gewinnen. Leider habe ich niemals Gelegenheit gehabt, längere Zeit mit den Eingeborenen zu leben, oder der Entbindung einer Indianerin beizuwohnen. Ich weiß daher nicht zu sagen, welche Mittel sie zur Erleichterung der Geburt anwenden. Ich weiß nur, daß sie in der Regel sehr leichte und schnelle Geburten haben und meist keine Wochen halten. Ferner ist mir von Frauen — und nicht nur von Indianerinnen — gesagt worden, daß das c i u a p a t l i, die Frauenmedizin, auch heute noch im Gebrauch ist, und zwar nicht nur bei Entbindungen, sondern auch zur Erleichterung der Menstruation.

Der erste Laut, der das Neugeborene auf Erden begrüßte, war Kriegsgeschrei, das die Wehmutter ausstieß. Es bedeutete, daß die Wöchnerin ihre schwere Stunde wie ein Held überstanden und einen Gefangenen — das Kind — gemacht habe. Es gab im Volksglauben der Azteken viele Parallelen zwischen einer Gebärenden und einem Krieger, ja, sie wurden einander gleich gewertet. Denn die im Kampfe gefallenen Krieger und die im Kindbett gestorbenen Frauen wurden in denselben Himmel versetzt. Beide standen im Dienste der Sonne. Die Krieger geleiteten das Gestirn vom Aufgang bis zum Höhepunkt ihres Laufes. Dort nahmen die Weiber es in Empfang, um es mit Spiel und Tanz bis zum Tore des Westens zu führen. Diese Frauen führten bei Nacht ein Gespensterdasein, waren Verführerinnen, lauerten nächtlicher Weile an Kreuzwegen, taten den Kindern allen erdenklichen Schaden. Sie erinnern an unsere Hexen, Werwölfe und anderes nächtliches Gesindel. Es wurde ihnen göttliche Ehre erwiesen unter dem Namen Ciuapipiltin oder Ciuateteo (fürstliche oder göttliche Frauen).

War nun der Frau durch das Kriegsgeschrei die ihr gebührende Ehre erwiesen, so nahm die Wehmutter das Kind auf den Arm, begrüßte es mit einer der üblichen schwungvollen und poetischen Reden, die ich weiter oben zu charakterisieren versucht habe. Doch ist nicht ausgeschlossen, daß die durch die Missionsschule gegangenen Gewährsmänner des Sahagun manche Wendung in christlich beeinflußtem Sinne wiedergegeben haben. Der Spruch der Hebamme lautete:

„Meine vielgeliebte Herrin, du bist gut angelangt, du hast viel Mühsal gehabt.[1] Dein Vater hat dich hierher gesandt, der allgegenwärtige Schöpfer und Erlöser[2]. Du bist in diese Welt gekommen, wo deine Angehörigen in Mühe und Arbeit leben. wo es übermäßige Hitze gibt und Kälte und Wind, wo es weder wahre Freude gibt noch Befriedigung, denn sie ist ein Ort, der Arbeit, der Mühen und vieler Bedürfnisse. Meine Tochter, wir wissen nicht, ob du lange auf dieser Erde leben wirst. Vielleicht verdienen wir nicht, dich zu behalten, auch wissen wir nicht, ob du lange genug leben wirst, um deine Großeltern zu kennen, noch ob sie sich deiner eines Tages werden freuen können. Wir wissen nicht, welches Schicksal dir beschieden ist, nicht welches die Gaben und Gnaden, die dir gegeben sind von deinem Vater und deiner Mutter, dem großen

---

[1] Willkommensgruß für den Reisenden, als welcher das Kind betrachtet wird, da es die Reise vom obersten Himmel zur Erde gemacht hat. [2] Christlicher Einfluß?

Herren und der großen Herrin, die im Himmel wohnen[1]. Wir wissen nicht, was du bringst, noch welches dein Geschick sein wird, ob du mit dir bringst, was uns erfreut. Wir wissen nicht, ob du gedeihen wirst, ob unser Herr, der überall ist, dich wird wachsen und gedeihen lassen. Ebensowenig wissen wir, ob du gute Anlagen hast, oder ob du vielleicht geboren bist, als ein tauber Maiskolben, der nichts nütze ist, oder ob du eine böse Anlage mitbringst, die dich dem Schmutz und dem Laster geneigt macht, oder ob du eine Schelmin werden wirst. Was ist es, womit du begabt wurdest? was ist es, das du empfingst? wie ein Ding, das man in ein Tuch bindet, ehe die Sonne scheint? Sei willkommen, meine Tochter, wir freuen uns Deiner Ankunft, vielgeliebtes Jüngferchen, Edelstein, Schmuckfeder, köstliches Ding, Du bist angekommen ruhe aus von der Ermüdung,[2] denn hier sind deine Verwandten, die deiner warten. Du bist in ihre Hände gelangt und in ihre Gewalt. Du sollst nicht seufzen, noch weinen, daß du gekommen bist. Deine Ankunft war ersehnt. Trotzdem wirst du Arbeit haben und Mühsal, denn das ist der Befehl unseres Herrn und seine Bestimmung, daß wir die zum Leben notwendigen Dinge nur durch Schweiß und Arbeit gewinnen und erringen, daß wir essen und trinken mit Mühe und Arbeit. Meine Tochter, wenn Gott dich am Leben läßt, so wirst du das selbst erfahren. Du bist sehr willkommen, sehr willkommen bist du. Der da allgegenwärtig ist, der dein Vater und deine Mutter ist, der aller Vater ist, er behüte und beschütze dich, er schmücke dich und versorge dich. Wenn du auch unsere Tochter bist, so verdienen wir dich doch nicht. So klein du auch bist, kann dich doch der rufen, der dich schuf. Dann wirst du sein wie etwas, das vor unseren Augen vor-

---

[1] Tonacatecutli und Tonacaciuatl oder Ometecutli und Omeciuatl, Götterpaar des obersten Himmels, das die Kinder schickt. [2] Willkommensgruß für den Reisenden

überzieht: wir sehen dich einen Augenblick und dann nicht mehr. Mein vielgeliebtes Kind, laß uns auf unsern Herren hoffen."

Diese feierliche und fromme Rede beweist, was an anderer Stelle ausdrücklich gesagt wird, daß die Wehemutter priesterliche Eigenschaft besaß, daß ihr Geschäft ein heiliges und weihevolles war.

Nachdem sie ihren Spruch geendet hatte, schnitt sie die Nabelschnur ab, wickelte sie in die Nachgeburt ein, ließ sie trocknen und vergrub sie dann in der Nähe des Herdes, damit das Mädchen häuslich werde und mit Lust ihren Pflichten nachgehe: der Zubereitung der Speisen, dem Spinnen und Weben. Die Nabelschnur des Knaben jedoch wurde an einer Stelle vergraben, wo man Kämpfe ausfocht, damit er ein tapferer Krieger werde.

Während sie dieses vornahm, richtete sie weitere Worte an das Kind, in denen die Nabelschnur als Weihgabe für die Himmelsgötter, Yoaltecutli und Yoalticitl, bezeichnet wird. Das Mädchen wird auf die häuslichen Tugenden hingewiesen, der Knabe auf Kampf und Krieg. Das Mädchen soll lernen Wasser holen, Mais malen, spinnen und weben. Sie soll sein, wie die Asche, die das Feuer des Herdes bedeckt, wie die Herdsteine, auf denen der Kochtopf steht. Der Knabe aber soll viele Gefangene machen, damit die Sonne Opferblut zu trinken bekomme.

Dann wusch sie das Kind und weihte es der Göttin des Wassers, Chalchiuhtlicue, hauchte das Wasser an und betete darüber zu der Göttin, empfahl das Kind ihrem Wohlwollen und bat sie, es von allem Bösen zu reinigen, das ihm von den Eltern her anhafte, denn es sei von Ometecutli und Omeciuatl, den Göttern, die über dem neunten Himmel wohnen, auf die Erde gesandt. Hierbei tritt klar der Gedanke zutage, daß die Sünde mit den Menschen geboren wird, ihm von seinen Eltern vererbt sei. Diese Auffassung durchdringt all die symbolischen

Handlungen, die mit dem Neugeborenen vorgenommen werden. Es ist unleugbar die Vorstellung von der Erbsünde vorhanden. Wiederholt spricht sie zu dem Kinde ähnliche, schwermütige Worte wie vorher und gibt ihm viele Schmeichelnamen, als da sind: Schmuckstein, Schmuckfeder, grüner und blauer Edelstein.[1] Auch mit den Namen der Vögel wird es angeredet, die in den heißen Küstenländern leben, und deren buntes Gefieder die kostbaren Schmuckfedern lieferte: Quechol, Huitzitzilin (Kolibri), Zaquan usw. Denn dem Indianer sind auch heute die Kinder Kostbarkeiten und er liebt sie zärtlich.

Aber die Wehemutter hat noch weitere Pflichten. Sie spricht nunmehr zur Wöchnerin, lobt sie wegen ihrer Tapferkeit und rühmt sie wiederum als Krieger, nennt sie Adler und Jaguar (Bezeichnung für tapfere Krieger) und vergleicht sie der Göttin Ciuacouatl-Quilaztli, der ersten Gebärerin. Abermals klingen die bekannten Töne an, daß der Tod nahe sei und niemand wissen könne, ob ihr und ihrem Kinde langes Leben beschieden sein werde. Sitzt sie nachdem ausruhend bei den andern Frauen nieder, so nimmt eine der älteren weiblichen Verwandten ihr gegenüber Platz und hält nun ihrerseits eine lange Dankrede, worauf die Redeschlacht mit einer nicht gerade kurzen Antwort der Hebamme ihr Ende findet.

Der Gewährsmann des Sahagun stellt freilich ausdrücklich fest, daß sich in den Häusern der Großen und der einfachen Leute diese Vorgänge gleichermaßen abgespielt hätten, aber zum Wohle der Wöchnerinnen möchte ich doch annehmen, daß nicht bei jedem Wochenbette so viele langatmige Reden gehalten worden sind, daß vielmehr die

---

[1] Es handelt sich um den kostbaren grünen Stein, eine Art Jadeït, von den Spaniern fälschlich mit Smaragd übersetzt. Der blaue Edelstein ist Türkis, der zu den kostbaren Mosaikarbeiten benutzt wurde, und der im spanischen Text fälschlich mit Saphir bezeichnet wird. Auch Amethyst und andere Halbedelsteine wurden zu Schmuck verarbeitet.

Priesterin, je nachdem sie auf Entlohnung hoffen konnte, mehr oder weniger Worte aufwendete und sich manchmal auf die vorgeschriebenen Formeln beschränkte.

Nun stellten sich auch bald die Wochenbesuche ein, sowie bekannt wurde, daß die Nachbarin niedergekommen sei. Freunde und Verwandte kommen, das Kind zu begrüßen mit Worten gleicher Art, wie es die Wehmutter getan hatte. Auch mit den Verwandten werden zeremonielle Reden getauscht. Strengste Form scheint das Leben dieses Volkes beherrscht zu haben.

Beim Betreten des Hauses rieb die Besucherin ihre Knie mit Herdasche ein, und wenn sie Kinder bei sich hatte rieb sie ihnen ebenfalls die Gelenke damit ein, sonst mußte man fürchten, daß sie verkümmerten, sich lockerten und zu knirschen begannen. Und wenn etwa dort, wo eine Wöchnerin lag, entkörnte Maiskolben ins Feuer geworfen wurden, so bekam aller Wahrscheinlichkeit nach, der Säugling Flecken im Gesicht. Vier Tage lang durfte das Feuer im Hause nicht ausgehen und es wurde streng darauf gehalten, daß in dieser Zeit niemand einen Feuerbrand herausnahm, damit das Glück nicht von dem Neugeborenen wiche.

Es ist schon darauf hingewiesen worden, daß die Gebärende dem Krieger gleich zu achten sei. Sie wird mit dem Namen tapferer Helden angeredet: oh Adler, oh Jaguar! Das Kind ist der Gefangene, den sie gemacht hat und es wird mit Kriegsruf begrüßt. Verläuft nun die Geburt nicht glücklich, sondern fordert das Leben der Frau, so tritt dieser Gedankengang scharf und klar hervor. Lag doch den im Kindbett gestorbenen Frauen die gleiche Pflicht ob, wie den im Kampfe gefallenen Kriegern: die Sonne bei ihrem Tageslaufe zu begleiten, ihr das Geleit vom Zenith bis zum Hause des Westens zu geben. Von der bösartigen Spukhaftigkeit dieser Weiber zur Nachtzeit wird noch die Rede sein.

Die Tote wurde eine mocioaquetzque[1], eine tapfere Frau genannt. Sie wurde gewaschen, festlich gekleidet und mit aufgelösten Haaren von ihrem Manne auf dem Rücken nach dem Orte getragen, wo sie bestattet werden sollte, nach dem Tempel der Ciuateteo oder Ciuapipiltin, der vergöttlichten, im Kindbett gestorbenen Frauen. Alte Frauen, Priesterinnen, Ärztinnen und Wehmütter begleiteten den Leichnam. Sie waren mit Schilden und Waffen ausgerüstet und ließen das Kriegsgeschrei erschallen. Ihnen entgegen zogen die jungen Krieger aus dem Junggesellenhause und kämpften gegen sie mit der Absicht, ihnen die Tote zu entführen. Sie kämpften aber nicht etwa im Spiel und zum Schein miteinander, sondern im vollsten Ernst. Um die Zeit des Sonnenunterganges wurde der Körper im Tempelhofe der Ciuapipiltin, zu denen sie ja jetzt gehörte, niedergelegt und der Gatte und seine Freunde hielten vier Nächte lang Wache bei der toten Frau, damit sie nicht gestohlen würde, während die jungen Krieger auf die Gelegenheit dazu lauerten. Denn diese Frau galt ihnen ja als heilig, als göttlich. Gelang es ihnen, sich im Kampf mit den alten Frauen, oder nächtlicher Weile in den Besitz des Leichnams zu setzen, so schnitten sie ihm den Mittelfinger der linken Hand und die Haare ab, um sie als Amulette zu verwenden. Wenn sie zu Felde zogen, so trugen sie diesen Zauber in ihren Schilden. Das machte sie tapfer, flößte den Feinden Schrecken ein und verhalf ihnen dazu, Gefangene zu machen, das vornehmlichste Ziel ihrer Kriege, denn die Sonne brauchte blutige Opfer, um zu leben.

Die Zunft der Diebe aber suchte den linken Arm der Toten zu erbeuten, denn ihm wohnte die Kraft inne, die Menschen erstarren zu lassen, so daß der glückliche Besitzer am hellichten Tage in die Häuser gehen und daraus

---

[1] Wörtlich: „der Krieger, der in Gestalt einer Frau auftritt."

mitnehmen konnte, was ihm gut dünkte. Die Bewohner mußten ruhig zusehen, da sie zur Unbeweglichkeit verdammt waren.

Das Schwitzbad (tenazcalli), wie es heut aussieht.

Kalenderzeichen

Schlange coatl. | Blume xochitl. | Adler cuautli. | Grasstrick matinalli. | Schwertfisch cipactli.

III. TAUFE. KINDEROPFER. KINDERWEIHE.

Eine der ersten Elternsorgen war nunmehr zu erfahren, ob das Kind unter einem glücklichen Zeichen geboren sei. Deshalb ließ man möglichst bald einen Wahrsager kommen, d. h. einen Priester, der sich in den verschlungenen Pfaden der Kalenderweisheit auskannte, und dessen Aufgabe es war, dem Kinde das Horoskop zu stellen.

Die Tage des mexikanischen Kalenders wurden mit zwanzig verschiedenen Symbolen und den mit ihnen verbundenen Zahlen 1—13 bezeichnet, so daß nach 260 Tagen dieselbe Kombination von Zahl und Zeichen wiederkehrt.[1] Zudem wird jeder Monat,[2] jeder Tag, ja jede Stunde von einem besonderen Gott oder Dämon beherrscht,[3] so daß sich für Schicksalsbestimmung und Vorhersage eine Fülle verschiedenster Verbindungen ergab. Daher mußte auch der wahrsagende Priester Tageszeichen und Tagesstunde in den Bereich seiner Berechnungen ziehen. Von den wenigen mexikanischen Bilderhandschriften, die uns erhalten geblieben sind, enthalten mehrere ein solches vollständiges tonala-

---

[1] Damit vollendete sich jedoch nicht das Jahr, denn die Azteken und die ihnen verwandten Völker rechneten nach dem Sonnenjahr von 365 Tagen und als gute Astronomen kannten sie auch Schaltjahre. [2] Man kann den Abschnitt von 20 Tagen als solchen bezeichnen. [3] Siehe: Eduard Seler, Erläuterungen zum Tonalamatl der Aubinschen Sammlung.

matl — Buch der Tage —, das höchstwahrscheinlich als Hilfsmittel zur Auffindung glücklicher und unheilvoller Tage diente. Denn nicht nur hing das Schicksal eines Menschen von seiner Geburtsstunde ab, auch für die Ausreise der Kaufleute, für den Hochzeitstag und andere wichtige Handlungen und Verrichtungen suchte man besonders günstige Tage zu ermitteln, die ihr Gelingen verbürgten.

Ein paar Beispiele mögen hier Platz finden. Das Zeichen cipactli — Schwertfisch — war für Mädchen glückverheißend. Sie litten keinen Mangel an irdischen Gütern und alles was sie unternahmen gelang. War ein Mädchen im Zeichen xochitl — Blume — geboren, so wurde sie eine geschickte Stickerin, falls sie aber nicht fleißig Buß- und Gebetsübungen oblag, gewärtigte sie, eine Dirne zu werden.[1] Wer im Zeichen ocelotl — Jaguar — das Licht der Welt erblickte, den erwartete ein mit Mühsal beladenes Dasein und für eine Frau war Aussicht vorhanden, eine Ehebrecherin zu werden. Unangenehm war für Frauen auch der Geburtstag acatl — Rohr —, denn sie waren dumm, schwatzhaft, hochnäsig und verleumderisch und führten schlechte Worte im Munde. Da sie zugleich auch faul, verschlafen und zu jeglicher Arbeit untauglich waren, so winkte ihnen das bittere Los, als Sklavin verkauft zu werden und auf dem Opferstein zu enden. Im Zeichen tochtli — Kaninchen — wurden die Trunkenbolde geboren und im Zeichen cuautli — Adler — die Xanthippen. Diese Zeichen aber werden beeinflußt durch die Zahlen, mit denen sie verbunden sind, können ihre Bedeutung verändern nach ihrer jeweiligen Stellung im Kalender. Auch kann ein gutes Zeichen durch schlechten Lebens-

[1] Diese Zwiespältigkeit des Zeichens hat vermutlich ihren Grund da in, daß die Göttin Xochiquetzal als Vegetationsgottheit, zugleich eine Göttin der Lust, aber auch Beschützerin weiblicher Kunstfertigkeit war.

wandel in sein Gegenteil verkehrt und ein schlechtes durch Sittsamkeit und fleißige Bußübungen unwirksam gemacht werden. Der Wahrsager war also auf alle Fälle gedeckt und erhielt seinen wohlverdienten Lohn in Form von reichlichen Lebensmitteln.

Schlimm bestellt aber war es um die Kinder, die an einem der fünf letzten Tage des Jahres das Licht der Welt erblickten. Mit 360 Tagen war der Kreislauf des Kalenders geschlossen und die fünf Tage, die dann noch folgten — nemontemi genannt — ehe die neue Rechnung begann, waren überzählig, überflüssig, namenlos. Alles Überflüssige ist unnütz und schädlich und daher wurden sie zu Unglückstagen erster Ordnung. Während ihrer Dauer wurde nichts begonnen und unternommen. Was Wunder, daß man von einem Leben, das an einem solchen Tage begann, nur Unheil erwarten durfte. Das Neugeborene war in diesem Falle zu einem Dasein des Leides und Kummers unwiderruflich vorherbestimmt.

War das Kind unter einem schlechten Zeichen zur Welt gekommen, so suchte man das dadurch wett zu machen oder doch zu mildern, daß die Kalendergelehrten sich bemühten, wenigstens für die Zeremonie der Namengebung einen glückverheißenden Tag ausfindig zu machen. Es konnte aber auch sein, daß sich eine allzu widrige Konstellation auf keine Weise verbessern ließ. Dann mußten sich die armen Eltern damit abfinden, daß ihr Sohn ein Pechvogel, wo nicht gar ein Verbrecher, ihre Tochter eine Schlampe oder eine Dirne wurde.

War aber das Kind unter einem guten Zeichen geboren, so gab es kein Hindernis, die Namengebung für den üblichen vierten Tag nach der Geburt festzusetzen und man benannte das Kind — vornehmlich in dem Kulturgebiet der Golfküste, das als Heimat der Kalenderweisheit angesprochen werden muß — gern mit dem Namen seines glückverheißenden Geburtstages. So kommt es, daß wir in den Bilderschriften häufig einem Datum als Namenshieroglyphe begegnen. Auf dem Hochlande, dem Gebiet der eigentlich mexikanischen Kultur, gab man den Kindern mit Vorliebe den Namen eines ruhmreichen Vorfahren.

Die Namengebung war ein großes Zeremoniell. Eine unverkennbare Verwandtschaft mit der christlichen Taufe bestärkte die Missionare in der Ansicht, daß in früher Zeit der Apostel Thomas diesen Ländern das Christentum gebracht habe und daß dann die Heilslehre vom Teufel in Heidentum und Abgötterei verwandelt worden sei.

Man bereitete für die feierliche Handlung Symbole vor, die dem Kinde seinen künftigen Weg vorzeichnen, es auf den Beruf, den es als Mann oder als Frau im Leben zu erfüllen haben werde, hinweisen sollten. Für den Knaben machte man einen kleinen Schild aus Teig vom Samen der Melde und einen kleinen Bogen mit vier Pfeilen, die nach den vier Himmelsrichtungen wiesen. Reiche Leute fügten noch eine Schulterdecke — tilmatli — und eine kleine Schambinde — maxtlatl — hinzu. Für das Mädchen wurden in kleinem Maßstabe die Gerätschaften hergestellt, die zum spinnen und weben dienten: Spindel, Wirtel und Webholz, dazu die Matte, auf der die Frau bei der Arbeit hockt, und ein Spindelschälchen. Den männlichen Kleidungsstücken entsprach Hemd — uipilli — und Rock — cueitl.[1] Zur Vorbereitung gehörten auch Speisen: Bohnen mit chilmolli, d. i. eine Soße aus spanischem Pfeffer, die auch heute noch bei keiner Mahlzeit fehlt, gerösteter Mais und gefüllte Maisklöße, die beliebten tamalli.[2]

Nachdem so alles vorbereitet war, versammelten sich die Verwandten und holten dieselbe Priesterin, die das Amt der Hebamme versehen hatte, um nunmehr die Taufhandlung vorzunehmen. Es mußte dies zu früher Morgenstunde geschehen, kurz vor Sonnenaufgang.

---

[1] Siehe den Abschnitt „Kleidung". [2] Siehe den Abschnitt „Küche".

Die versammelten Familienmitglieder legten dem Täufling zugedachte Gaben in der Mitte des Hofes nieder. Die Priesterin nahm ein neues Becken, füllte es mit Wasser, hob das Kind mit beiden Händen auf, wandte das Gesicht nach Westen und begann also zu dem Kinde zu sprechen: „Oh Adler! oh Jaguar! oh du mein tapferes Kleines! Du bist auf diese Welt gekommen, dein Vater und deine Mutter die großen Götter haben dich gesandt. Du warst Kind und Knecht der höchsten Götter, die in den neun Himmeln wohnen. Unser allgegenwärtiger Fürst Quetzalcouatl, hat dich begnadet, jetzt vereine dich mit deiner Mutter der Göttin des Wassers, die Chalchiuhtlicue genannt wird." Dann tauchte sie die Finger ein, benetzte des Kindes Mund und sprach dazu die Worte: „Nimm, empfange hier das, wovon du auf Erden leben, wachsen und gedeihen sollst. Dies ist es durch das wir auf Erden die notwendigen Dinge haben und erlangen, damit wir auf Erden leben können. Empfange es." Dann netzt sie ihm die Brust und spricht weiter: „Koste nun das himmlische, das reine Wasser, das dein Herz reinigt, das allen Schmutz wegnimmt. Nimm es, damit deine Seele geläutert und gereinigt werde." Nach diesen Worten gießt sie ihm Wasser auf den Kopf und spricht dazu: „Oh mein Sohn! (Tochter) nimm und empfange das Wasser des Herrn der Welt, das unser Leben ist, das uns wachsen und gedeihen macht, das uns läutert und reinigt. Ich bete, daß es in dich eingehe und in dir lebe, dieses himmlische blaue Wasser, dieses helle blaue Wasser. Ich bete, daß es in dir zerstöre und von dir nehme alles Böse und Widrige, das dir von Anbeginn der Welt zugeteilt ist. Wir Menschen sind alle in der Hand unserer Mutter, denn das ist sie, Chalchiuhtlicue." Nach diesem Spruch wusch sie dem Kinde den ganzen Körper und fuhr fort zu beten: „Wo immer du auch seist, du, das dem Kinde Schaden zufügen will, verlasse es, gehe von hinnen, scheide dich von ihm, denn jetzt erhält es neues Leben und wird neu geboren. Es wird rein und lauter, es wird geboren von unserer Mutter, Chalchiuhtlicue."

Ich habe es für richtig gehalten, die Taufsprüche der Priesterin ungekürzt wiederzugeben, weil in ihnen der Gedanke der Erbsünde und der Wiedergeburt, der Reinigung und Läuterung durch das Wasser und der Austreibung des Bösen sehr lebendig zum Ausdruck kommt.

Nach dieser Taufhandlung, die den Täufling der Wassergöttin weiht und ihrem Schutze unterstellt, beginnt eine zweite Weihe, die den Himmelsgottheiten gilt. Die Priesterin hebt das Kind viermal empor[1] und begleitet diese Geberde jedesmal mit einem kurzen Gebet an die Himmelsgötter. Dann nimmt sie die kleinen Gerätschaften auf und spricht darauf bezügliche Worte. Schild, Pfeile und Bogen werden mit Kriegsbereitschaft und Kriegertod verbunden, Spindel und Webholz mit Häuslichkeit und Fleiß.

Während dieser ganzen Zeit brannte im Hofe eine mächtige Fackel von starken Kienspänen.[2] Zum Schlusse erhielt das Kind seinen Namen. Wie Sahagun berichtet, nach einem seiner Vorfahren, was wie wir gesehen haben in der Hauptsache für das Hochland gilt. Die Priesterin gab dem Knaben mit folgendem Spruch den Namen: „Yaotl (falls dies der gewählte Name war), Tapferer, empfange den Schild, nimm den Pfeil, dir zum Ergötzen und der Sonne zur Freude." Was sie zum Mädchen sprach, erfahren wir nicht.

Inzwischen hatten sich die Knaben des Bezirkes versammelt, gingen ins Haus, nahmen die dort vorbereiteten Speisen und liefen damit nach allen Richtungen fort, den Namen des Kindes rufend, priesen es als einen Krieger,

---

[1] Vier ist eine heilige Zahl und spielt bei allen amerikanischen Stämmen etwa dieselbe Rolle, wie bei uns die drei. [2] Die Ocote ist ein unsrer Kiefer verwandter Baum, der in den kühlen und hohen Teilen des Landes wächst.

Geburt und Taufe. Codex Mendoza.

der der Sonne Speise und Trank verschaffen werde, riefen den Soldaten zu herbeizukommen und „vom Nabel des Kindes" zu essen. Denn „der Nabel des Kindes" war die Bezeichnung für die geraubte Speise. Vor dem Täufling aber, den man ins Haus getragen hatte, brannte die große Fackel. Wieder erfahren wir nicht, ob auch der Name des Mädchens öffentlich verkündet und ausgerufen wurde. Wahrscheinlich nicht. Da sie kein Krieger wurde, sondern nur die Krieger zur Welt brachte, so hatte die Öffentlichkeit kein großes Interesse an ihr und ihrem Namen. Der Freunde und Verwandten wegen wollen wir wenigstens hoffen, daß das Gastmahl, das der Taufe und Namengebung folgte, nicht etwa in Wegfall kam, wenn der Täufling weiblichen Geschlechtes war. — Bei diesem Mahle trank man octli — Wein — heut allgemein mit dem Antillen-Wort pulque benannt, schmückte sich mit Blumen und rauchte Tabak. Die Frauen aßen getrennt von den Männern und bekamen keine Schokolade zu trinken.

Das Leben der alten Azteken im Staat und in der Familie war mit der Religionsübung aufs engste verknüpft, war von kulturellen Handlungen ganz und gar durchsetzt und verwoben. Sie begleiteten ihr ganzes Tun und Lassen, so wie etwa das der frommen Juden. Aber die Religion des alten Mexiko forderte Blut. Blutentziehung als Buße und blutige Opfer als Nahrung für die Götter, wenigstens war das so in der späten Kulturperiode, die die Spanier bei ihrer Eroberung vorfanden.

Auch von den Kindern in der Wiege wurde Blut verlangt. Die Indianer lieben ihre Kinder zärtlich und solche Liebe findet auch in den vielen langen Reden der Azteken ihren Ausdruck, wie schon aus den mitgeteilten Beispielen erhellt. Kein Schmeichelname schmeichelte genug. Trotzdem opferten sie dem Regengotte Tlaloc Kinder, denn durch Opferblut mußte man sein Wohlwollen sichern, damit er reichlichen Regen zum Gedeihen der Feldfrucht sende. Er liebt Kostbarkeiten, der grüne Schmuckstein chalchihuitl war ihm heilig, und die größte Kostbarkeit waren die Kinder.

Das Opfer fand am Tage des Festes Atlcaualo, auch Quauitl eua genannt, Anfang Februar statt.[1] Es wurde auf Bergeshöhen dargebracht, wo die Regengötter wohnen. Und die Kinder wurden in derselben Art hingeschlachtet, wie die Gefangenen, man riß ihnen das noch zuckende Herz aus der mit einem Schnitt geöffneten Brust. Nur religiöser Fanatismus konnte ein kulturell so hochstehendes Volk zu solch unbegreiflicher Grausamkeit hinreißen. Ein Volk, das seiner Charakteranlage nach sanft ist.

Aber dieses Volk betrauert auch heutigen Tages nicht den Tod eines Kindes. Er wird fast als ein Glücksfall angesehen und wie ein Fest gefeiert, denn nun hat die Familie einen Engel im Himmel, der für sie betet. Und wenn das Leichenbegängnis eines Kindes mit viel Blumen und

---

[1] Die Regenzeit beginnt auf dem Hochlande Ende April, Anfang Mai.

heiterer Musik gleich einem Festzug die Gasse entlang zieht, so ruft ein jeder: „un angelito" — ein Engelchen!

Es war üblich. armen Weibern ihre Säuglinge für dieses Opfer abzukaufen, und manche Mutter mag sich den Göttern zu Gefallen zu dem schweren Schritt entschlossen haben. Kinder, die an einem glücklichen Tage geboren waren, waren den Göttern besonders wohlgefällig.

Die den Göttern verfallenen Kinder wurden schön geschmückt und in reich mit Blumen und Federn verzierten Gestellen zur Opferstätte getragen. Singend und tanzend zog das Volk vor ihnen her und je mehr die Kinder weinten, um so größer war die Freude, denn die vergossenen Tränen waren ein günstiges Vorzeichen für ein regenreiches Jahr und also für eine gute Ernte.

Man darf wohl annehmen, daß es nur ein kleiner Bruchteil der im Laufe eines Jahres geborenen Kinder war, die diesem grausamen Brauche zum Opfer fielen, um von den Göttern den erwünschten Regen zu erhalten. Aber auch die andern, von solch traurigem Geschick verschont gebliebenen wurden schon früh daran gewöhnt, den Göttern Blut zu opfern. Dabei jedoch ging es glimpflich zu.

So wurde den Kindern in der Wiege am Feste Youaltecutli's Blut aus dem Ohrläppchen entzogen und am Tage des Festes Izcalli fand eine allgemeine Blutentziehung alle vier Jahre statt. Damit verbunden war eine Weihe der während der verflossenen vier Jahre geborenen Kinder, vom Säugling bis zum vierjährigen Buben und Mädchen.

Man putzte die Kinder mit Mützen von Papageien-Flaum, die mit Fichtenharz geklebt waren und durchbohrte ihnen die Ohrläppchen vor Tagesanbruch mit einem spitzen Knochen. Der Schmerz kann nicht groß gewesen sein. Wer Ohrringe trägt, mag es beurteilen. Die kleinen Wunden wurden dann mit Flaumfedern und Terpentinöl verklebt.

Bei dieser Gelegenheit suchten die Eltern Paten für ihre

Sprößlinge. Diese hielten die Kinder während der Operation und opferten den zerquetschten Samen der Salvia chia. Dann trugen sie die Kinder um ein Feuer, hoben sie am Kopfe hoch und zum Himmel empor, um ihr Wachstum zu befördern. Knaben und Mädchen erhoben ein großes Geschrei und danach ging man nachhause. Um Mittag aber zogen die Paten mit ihren Patenkindern wieder zum Tempel und nahmen Wein, d. i. pulque, mit sich. Dort führten sie einen Tanz auf und gaben den Kindern ein wenig pulque zu trinken. Deshalb wurde dieses Fest das „Trinkfest der Kinder" genannt. Bis zum Abend dauerte der Tanz, dann zog man heim und feierte große Festgelage. Damit endete die Weihe der Kinder am Wachstumsfest Izcalli, denn Wein trinken war eine religiöse Handlung. Trunkenheit wurde streng bestraft und nur alten Leuten über 70 Jahre gestattet, die Kinder und Enkel hatten. So endete das „Trinkfest der Kinder" als ein Fest für die Alten.

Die Alte von 70 Jahren, die sich betrinken darf. Codex Mendoza.

Der Vater spricht zur Tochter.

IV. VON DER WIEGE BIS ZUR EHE.

Nur spärlich sind die Nachrichten über Aufzucht und Unterweisung der heranwachsenden Jugend, und das Wenige, was uns überliefert ist, bezieht sich vornehmlich auf die Erziehung der Knaben und hier auch vorwiegend auf die Söhne der Herren, der Vornehmen und Würdenträger. Sie wurden Krieger oder Priester. Es scheint aber, daß man bei ihnen großes Gewicht auf eine gute Erziehung legte. Die Söhne der Kaufleute und Handwerker werden wohl schon früh in die Fußtapfen ihrer Väter getreten sein. Und die Bauern, Fischer und Jäger werden mutmaßlich durch Generationen hindurch ihrer Hantirung nachgegangen sein, wie dies überall und jederzeit mehr oder minder üblich ist. Im Falle eines Krieges zogen alle in den Kampf.

Und die Mädchen? Sie sind frühreif. Auch heute noch gibt es kaum eine vierzehnjährige Indianerin, die nicht Mutter wäre und zwölfjährige Mütter gehören nicht zu den Seltenheiten. So wurde denn das Kind schon früh zur Erlernung und Ausübung der häuslichen Arbeiten angehalten, wurde im Kochen, Spinnen, Weben sorgfältig unterrichtet.

Im dritten Abschnitt des Codex Mendoza, der Bilderschrift, die der Vizekönig Mendoza (von 1535 an) von kundigen Männern für König Karl malen ließ, um diesem einen Begriff vom Leben seiner braunen Untertanen zu geben, sehen wir auf den ersten Blättern die Erziehung von Knabe und Mädchen ergötzlich nebeneinander dargestellt. Es mag hier eine kurze Beschreibung und Erläuterung dieser Bildchen folgen.

Moderner Wiegenkorb.

Da ist zuerst das Kind in der Wiege zu sehen, einem geflochtenen, länglich viereckigen Korbe mit einem Henkel, der bestimmt war, an einem Balken des Hauses aufgehängt zu werden, wie dies auch heut noch geschieht. Haben doch die Formen täglicher Gebrauchsgegenstände überhaupt die Jahrhunderte vielfach siegreich überdauert, wie ja auch bei unsern Bauern, Handwerkern und Hausfrauen nicht gar selten zu sehen ist. Noch heut finden wir in Mexiko Fischnetze, Ruder, Körbe aller Art, Küchengeräte, Webmesser, Spindeln und vieles andere, in abgelegenen Gegenden auch Bogen, Pfeile und Blasrohre in den gleichen Formen, die die alten Bilderhandschriften uns zeigen. Ja selbst der aus einem harten Grase gefertigte Besen, den das Mädchen im Codex Mendoza handhabt, oder der als Attribut der Göttin Teteoinnan beigegeben wird, ist heut derselbe, wie in jenen vergangenen Tagen. — Verläßt die Mutter mit dem Säugling das Haus, so reitet er auf ihrer Hüfte, wie er's vor Jahrhunderten tat. Nimmt sie ihn mit aufs Feld oder auf den Markt, so bindet sie ihn mit ihrem langen, blauen Baumwollschal auf dem

Rücken fest, wie sie es wahrscheinlich von jeher getan hat.

Über dem Kind in der Wiege (siehe S. 29) sehen wir viermal die Hieroglyphe „Tag" gemalt. Das sind die vier Tage, die normaler Weise zwischen Geburt und Namengebung liegen, wie das im zweiten Abschnitt erzählt wurde. Und in der Tat ist diese Zeremonie in dem ersten Bildchen dargestellt. Die Hebamme, die alte Priesterin, hält das Kind mit der Rechten an sich gedrückt. Vor ihr steht auf einer Binsenmatte ein Gefäß mit Wasser. Über der Matte sind die für den Knaben bestimmten Symbole gezeichnet: Schild, Pfeile und verschiedenes Handwerkzeug. Darunter steht, was dem Mädchen zugeteilt ist: Baumwollkörbchen, Spindel und Besen. Rechts davon sitzen drei Buben, mit der Festspeise beschäftigt. Das Zünglein der Rede vor ihrem Munde zeigt an, daß sie bereit sind, den Namen des Neugeborenen sogleich mit lautem Ruf im Dorfe zu verkünden.

Da unmittelbar nach der Geburt die Eltern und die Ältesten bestimmten, ob der Knabe im Tempel oder im Kriegerhaus erzogen werden sollte, so sehen wir im zweiten Bilde auf einer Seite des Wiegenkorbes des Elternpaar sitzen, auf der andern die beiden Vorsteher der geistlichen und der militärischen Erziehungsanstalt.

Die ersten Jahre des Menschen pflegen überall ziemlich gleichartig zu verlaufen, besonders in Ländern, deren Klima den Kindern gestattet, ohne den lästigen Zwang der Kleidung und meist im Freien sich zu tummeln. Und wie überall und jederzeit auf Erden mußte auch das Indianerkind vor mancherlei Schädlichkeit bewahrt werden, deren Niederschlag in mancherlei abergläubischen Vorstellungen verschiedenster Art sich kundgibt. So mußte man die beim Schichten ausfallenden Zähne in ein Mauseloch werfen, damit die neuen gut durchbrechen konnten, Über ein liegendes Kind durfte man nicht hinübersteigen.

um es nicht im Wachstum zu hemmen[1]. Vor allem aber mußte man die Kinder sorgsam hüten an den Tagen „Eins Hirsch“, „Eins Regen“, „Eins Haus“, „Eins Adler“ und „Eins Affe“. Denn diese waren es, an denen die Ciuapipiltin, die Spukweiber, auf Erden umgingen und den Kindern Schaden zufügten, wo sie nur konnten. Sonst abe werden die ersten Kinderjahre friedlich und unbehelligt verflossen sein.

Mit dem dritten Bildchen beginnt die Zweiteilung, die uns auf der linken Seite des Blattes die Erziehung des Knaben, auf der rechten die des Mädchens veranschaulicht. Das Säuglingsalter ist vorüber, die Scheidung der Geschlechter beginnt, wenn das auch in diesem Bildchen nur daran kenntlich ist, daß der Bube von einem Manne, das Mädchen von einer Frau betreut wird. Das Zünglein der Rede vor dem Munde der Frau und des Mannes zeigen an, daß sie zu den Kindern sprechen. Es ist dies wohl als eine Art Einleitung zum Unterricht zu verstehen, denn ein besonderer Vorgang ist

3.
4.
5.
6.

Die Erziehung des Mädchens.
Codex Mendoza.

[1] Der gleiche Aberglaube ist auch bei uns gang und gäbe.

nicht dargestellt. Die Erziehung begann sehr früh, denn aus den drei blauen Scheibchen, die oberhalb der Figuren angegeben sind, ersehen wir, daß es sich um dreijährige Kinder handelt. Knabe und Mädchen stehen den erwachsenen Personen gegenüber und zwischen beiden ist ein halber Maisfladen zu sehen, der bei der eingeborenen Bevölkerung noch heute die Stelle des Brotes vertritt. Da aber auch ein so kleines Kind unmöglich mit einem halben Fladen[1] genährt und gesättigt werden kann, und auch die folgenden Bilder immer nur eine ganz ungenügende Menge dieses Nahrungsmittels zur Anschauung bringen, so werden wir es wohl dahin deuten müssen, daß die Kinder zur Mäßigkeit im Essen erzogen wurden — eine Tugend, die den Indianern auch heute eigen ist[2]

7.
8.
9.
10.

Die Erziehung des Mädchens.
Codex Mendoza.

[1] Siehe den Abschnitt „Küche". [2] Da es kein Herdenvieh gab, so war auch keine Milch vorhanden. Diese ist

Die nächste Schilderei bringt schon die Einführung der Kinder in ihre Berufe zur Darstellung. Während der Knabe zum Wassertragen angehalten wird, werden dem Mädchen von der Mutter die zum spinnen dienenden Geräte gewiesen und erklärt, wie das blaue Zünglein der Rede vor dem Munde der Mutter zeigt. Zwischen ihr und der Tochter steht das Baumwollkörbchen, die mit Baumwolle beschickte Spindel und ein Spindelschälchen. Im nächsten Bilde beginnt das Kind zu üben, Es hält die Spindel schon selbst in der Hand, und die folgenden Darstellungen zeigen zunehmende Gewandtheit. Immer aber wird die Unterweisung von belehrenden Worten begleitet.

Die beiden weiblichen Figuren sind in Hockerstellung gezeichnet. Genau so, auf den Fersen, sitzen auch heut die eingeborenen Weiber. Betritt eine Frau die Indianerhütte, so wird ihr statt des anderwärts üblichen Stuhles oder Schemels eine saubere Matte hingebreitet und von ihr erwartet, daß sie darauf niederkauert. Sie macht auch diesen Versuch, bis ihr sehr bald die Knie steif werden und die Füße zu schmerzen beginnen. Die Indianerin aber verharrt stundenlang in diesem Sitz, bei der Arbeit oder auf dem Markte. — Die Tracht der beiden Frauen besteht, wie auch in andern Bilderschriften zu sehen, und wie auch heutigen Tages, aus dem uipil, Hemd, und dem cueitl, Rock.[1] Das dreijährige Kind, bei dem mit dem Unterricht begonnen wurde, trägt nur ein kurzes Hemdchen. Die Haare der Frau sind wie zwei über der Stirn emporstrebende Hörner geordnet, eine Frisur, der wir in den Bilderschriften und bei zahlreichen Tonfiguren des Hochlandes häufig begegnen, und von der uns auch im Sahagun berichtet wird. Das Kind trägt offene Haare.

---

auch heut ein seltenes Nahrungsmittel, da das Vieh im Freien weidet. Daher werden die Kinder lange genährt.

[1] Siehe den Abschuitt „Kleidung".

Es scheint, daß es keine Erziehung ohne Strafe gab. Vom achten bis zum zehnten Bilde werden wir mit verschiedenen bekannt gemacht, die an der kleinen Sünderin vollstreckt werden und die ihr bittere Tränen erpressen Gleichsam zur Warnung liegen zwischen Mutter und Tochter drei Spitzen der harten und scharfen Agaveblätter. Aber es bleibt nicht bei der Drohung, die Strafe wird vollzogen, die scharfen Stacheln werden in die Hand gebohrt. Ganz ohne Kampf und Aufregung scheint es dabei nicht abgegangen zu sein, denn bei der Mutter sowohl, wie bei der Tochter hat sich der gestickte Brustfleck, der den Schlitz des Hemdes vor dem Einreißen sichert, auf den Rücken verschoben und des Mädchens Hemd ist am Saume zerrissen. Es folgt eine wahrhaft grausame

11.

12.

13.

14.

Die Erziehung des Mädchens. Codex Mendoza.

Strafe. Der Kopf des Kindes wird über Dämpfe von spanischem Pfeffer, chilli, gehalten und der beizende Rauch zieht in Augen, Mund und Nase.

Nunmehr folgt die Unterweisung in einer religiösen Pflicht: dem Kehren bei nächtlicher Weile.[1] Daß die Arbeit bei Nacht geschieht, wird durch die Hieroglyphe des nächtlichen Himmels veranschaulicht, die über den beiden Figuren angebracht ist. Vielleicht empfand das Kind diese Pflicht auch als Strafe für am Tage begangene Sünden. Nach diesen trüben Tagen der Strafen und nächtlichen Übungen kommen friedlichere Zeiten. Der Unterricht wird wieder aufgenommen. Die Tochter lernt kochen. Wir sehen sie auf dem Malstein, metlatl den Mais quetschen.[2] Neben ihr steht ein Kochtopf und eine dreifüßige Schale mit einem Stößel darin, die zum zerreiben der Pfefferschoten für die unentbehrliche Soße, chilmolli, dient.

Den Beschluß macht die Unterweisung in der Weberei. Ganz wie wir's heute sehen, ist die Kette an einen Pfahl oder Baum gebunden. Der Schuss wird mit dem Webmesser festgeschlagen. Damit scheint die Erziehung vollendet. Ist ja doch inzwischen — wie uns die Zahl der Kreise über dem Bilde belehrt — das Mädchen vierzehn Jahr alt geworden, und also in dem Alter, wo ihre Verheiratung bevorsteht.

Diese im Codex Mendoza so kurz und schematisch dargestellte Erziehung war in den besseren Familien wahrscheinlich eine recht gründliche und sorgfältige. Die Kunst des Spinnens, Webens, Stickens und anderer Handfertigkeiten, die von den mexikanischen Frauen geübt wurde, wird von den Spaniern, die zuerst ins Land kamen, hoch gerühmt, und auch heute noch sind sie hervorragend

[1] Siehe weiter unten die Ermahnung in der Rede des Vaters.
[2] Siehe den Abschnitt „Küche".

geschickte Handarbeiterinnen. Auch die Zubereitung der Maisfrucht und die Herstellung der Speisen, die bei den vielen von der Religion gebotenen, von Familienereignissen bedingten Festen eine große Rolle spielten, verlangte erhebliche Übung.

Daneben aber wurde den Mädchen zweifellos auch eine geistige Erziehung zuteil. Sie mußten über die kulturellen Vorschriften unterrichtet sein, deren Befolgung ihnen ebenso oblag, wie den Männern. Sie mußten sich an den Tänzen, Umzügen und Vorbereitungen zahlreicher religiöser Feste beteiligen. Schließlich wurden sie auch in den Regeln der Sitte und des Anstandes unterwiesen. Auch in die Anstandsregeln mischte sich mancher Aberglaube hinein. So litt z. B. die Mutter nicht, daß die Tochter im Stehen aß, sie würde dann in eine fremde Gemeinde heiraten und das war unerwünscht. Die gut erzogene und wohlgeratene Tochter wurde mit Worten gerühmt, in denen auch die Mitwelt noch vor dreißig Jahren das Ideal eines jungen Mädchens hätte erblicken können: „Sie ist keusch, gehorsam, zurückhaltend, klug, geschickt, voll Sanftmut, ehrbar, unterwürfig, wohlerzogen und von guten Grundsätzen erfüllt, wohlunterrichtet in den Regeln der Klugheit, verschwiegen und mißtrauisch gegen alles Böse."

Neben dieser häuslichen Erziehung gab es noch eine andre: die Erziehung im Tempel, die sich etwa unsrer Klostererziehung vergleichen läßt. Wie schon vorher erwähnt, machten sich die Eltern und die Ältesten des Dorfes oder Sprengels unmittelbar nach der Geburt eines Knaben darüber schlüssig, ob das Kind im Krieger- oder im Priester-Hause erzogen werden sollte. Ähnliches scheint auch für die Mädchen in Geltung gewesen zu sein, nur daß der Entschluß in diesem Falle der Mutter allein zukam. Es handelte sich hierbei auch nicht darum, ob das Mädchen dem Tempeldienst geweiht werden sollte, denn die Tempelerziehung fand häufig mit der Verheiratung ihren Abschluß.

Hatte eine Mutter ihr Kind dem Tempel gelobt, so brachte sie es dorthin, wenn es zwanzig oder vierzig Tage alt war. Sie brachte es zu dem Priester, der dem Tempel vorstand und Quacuilli hieß. Diesem übergab sie einen Besen, ein tönernes Räuchergefäß und weißes Kopalharz, das zum Räuchern diente. Der Priester gab ihr das Kind zurück und empfahl es ihrer ganz besonderen Sorgfalt, legte ihr auch die Verpflichtung auf, dem Tempel ihres Sprengels alle zwanzig Tage[1] einen Besen, Kopal zum räuchern und Holz zur Unterhaltung des Tempelfeuers zu übergeben. War das Mädchen größer und verständiger geworden — ein bestimmtes Alter wird nicht angegeben, — so macht ihr die Mutter Mitteilung von ihrem Gelöbnis. Das Kind ging dann selbst zum Tempel und nahm ein Räuchergefäß und Kopal als Weihgeschenk mit. Von da an blieb es im Tempel unter der Aufsicht von Frauen, denen die Erziehung der Tempeljungfrauen oblag.

Der Tempeldienst bestand im Reinigen, vorzüglich im Fegen des Bodens, Unterhalten des Feuers, Ausschmückung des Tempels bei Festen, Beteiligung an religiösen Tänzen und Umzügen. Da aber die weitaus größere Zahl der im Tempel aufwachsenden Mädchen zur Ehe bestimmt war, so ist anzunehmen, daß auch die Unterweisung im Spinnen, Weben und vornehmlich im Kochen nicht vernachlässigt wurde. Wenn die Zeit gekommen war, daß ein Mann das Mädchen zur Ehe begehrte und die Eltern und die Ältesten der Gemeinde nichts dawider hatten, so brachte man Wachteln, Weihrauch, Blumen, Tabakpfeifen und Speisen als Geschenke zum Tempel. Das Mädchen wurde

---

[1] Der Zeitraum von 20 Tagen ist etwa einem Monat gleich zu achten.

vor die Priester geführt, die Geschenke, die wohl als Loskauf zu deuten sind, wurden auf ein weißes Tuch gestellt, ein zweites, reich mit eingewebten Figuren verziertes Tuch als weiteres Geschenk hinzugefügt. Danach durften die Eltern ihre Tochter mit sich fortführen. Vermutlich blieben die Mädchen, die nicht heirateten als Priesterinnen im Tempel.[1]

Man sieht hier wieder, wie weitgehend das Mitbestimmungsrecht des Rates der Ältesten war, da die Wahrnehmung der Gemeindeinteressen sich bis auf die Eheschließung erstreckte. Dieses Mitbestimmungsrecht der Gemeinde über das Tun und Lassen des Einzelnen ist auch heute noch in den Indianergemeinden ein ziemlich ausgedehntes. So werden z. B. die Feldarbeiten von dem gewählten „Gobernador" verteilt und nicht dem Gutdünken der einzelnen Gemeindemitglieder überlassen. Arbeiter und Träger kann man nur durch Vermittlung dieses Vorstehers anwerben, der sie bestimmt, mit ihnen verhandelt und oft auch die Bezahlung entgegennimmt. Ob sich auch heute noch das Recht auf Billigung oder Einspruch der Gemeindeältesten bei Eheschließung und Berufswahl erstreckt, ist mir nicht bekannt.

Wie schon berichtet wurde, liebten es die Azteken zur Zeit Motecuhzomas und wahrscheinlich schon seit alten Zeiten, jeden Lebensabschnitt mit langen und schwungvollen Reden zu begleiten. Wenn nun die Kinder zu Vernunft gekommen waren, scheint man einen solchen Abschnitt als Abschluß des Kindesalters gemacht zu haben. In welchem Lebensjahre das aber geschah, wissen wir nicht Bei uns pflegt er ins 15. Lebensjahr zu fallen. Er muß dort aber erheblich früher gelegen haben, da ja mit vierzehn Jahren und schon eher, die Kinder zur Ehe reif

---

[1] Über Priesterinnen siehe Abschnitt VI.

waren. Die Reden, die die Eltern bei dieser Gelegenheit an ihre heranwachsenden Söhne und Töchter richteten, werden uns von Sahagun überliefert. Sie sind so charakteristisch, daß ich wenigstens die des Vaters an seine Tochter, mit Auslassung einiger Wiederholungen, im Wortlaut wiederzugeben mir nicht versagen kann.

Der Vater spricht zu seiner Tochter[1]:

„Du, meine Tochter, mir kostbar wie eine Goldperle und eine Schmuckfeder, von mir gezeugt, mein Blut und mein Ebenbild, achte aufmerksam auf alles, was ich dir sagen werde, denn du bist schon ein verständiges Mädchen. Der Gott, der dich geschaffen hat, hat dir Vernunft gegeben, der Gott, der allgegenwärtig ist und alle Dinge geschaffen hat. Und so kannst du schon verstehen, wie es in dieser Welt zugeht, daß es in ihr keine wahre Freude gibt und keine wahre Ruhe, sondern Arbeit und Kummer, Überfluß an Jammer und Armut, oh, meine Tochter, daß dies eine Welt ist der Tränen, der Trauer und der Enttäuschungen, eine Welt der Kälte, der rauhen Winde und beschwerlicher Sonnenglut, ein Ort des Hungers und des Durstes. Das ist die volle Wahrheit und wir haben sie erfahren. Darum glaube mir, meine Tochter, dies ist eine böse, mühselige Welt, in der der Freude die Trauer gesellt ist und der Ruhe der Kummer. So haben uns die Alten gelehrt, auf daß wir nicht allzuviel weinen und klagen. Der Herr

---

[1] Hierbei möge man bedenken, daß es sich um eine zwiefache Übersetzung handelt: vom Aztekischen ins Spanische und vom Spanischen ins Deutsche. Bei der Übertragung aus einer stammfremden Sprache ist es kaum möglich, den Ton des Originals zu treffen. Auch sind im klassischen Aztekisch viele Wendungen mit Religion und Weltanschauung so eng verknüpft, daß sie auch der treueste Übersetzer im Spanischen nur schwer wiedergeben konnte. Mit den spanischen Wendungen mag manches von spanischer Anschauung in den Text geraten sein. Die ursprüngliche Frische mußte bei der doppelten Übertragung unweigerlich verblassen.

gab uns das Lachen und den Schlaf, gab uns Speise und Trank, daß wir leben und gedeihen. Er gab uns die Kraft der Zeugung, damit wir uns vermehren in dieser Welt. All diese Dinge verschaffen unserm Leben für kurze Zeit Befriedigung, aber bald betrüben wir uns über sie mit Tränen und Trauer. Das ist die volle Wahrheit, die wir kennen. Aber keiner beachtet sie, keiner denkt an den Tod, sondern alle denken nur an die Gegenwart, wie sie Essen und Trinken erlangen mögen, wie sie ihren Lebensunterhalt verdienen, Häuser bauen, Frauen zur Ehe gewinnen. Die Frauen aber heiraten und werden von Jungfrauen zu Matronen. Das ist alles so, wie ich dir sage, meine Tochter.

Nun gib acht und höre mir aufmerksam zu. Hier steht deine Mutter, deine Herrin, aus deren Leib du hervorgingst, wie ein Stein, den man von einem andern Steine absprengt, die dich gebar, wie die Pflanze einen Ableger. So sproßtest du hervor aus deiner Mutter und wurdest von ihr geboren. Bisher warst du vom Schlafe umfangen. Jetzt bist du erwacht. Sieh und höre und wisse, daß der Lauf der Welt so ist, wie ich dir sage.

Bitte Gott um ein langes Leben. Aber es ist notwendig daß du wissest, wie du leben, und wie du deinen Weg gehen sollst. Denn sieh, meine geliebte Tochter, mein Täubchen, dieser Weg ist nicht nur schwer, sondern er ist erschreckend schwer. Du mußt bedenken, meine Tochter, daß du aus edlem Stamme bist, aus adligem und trefflichem, aus dem Blute von Herren und Würdenträgern, die schon seit langen Jahren tot sind, die das Reich und die Herrschaft aufrichteten, die Ruhm und Ehre ihrer Ämter gemehrt und ihren Adel erhöht haben. Meine Tochter, ich will dir erklären, was ich meine. Obgleich du ein Mädchen bist, so bist du doch kostbar, wie ein grüner, wie ein blauer Edelstein. Aus dem Stoff deiner Vorfahren bist du gehauen und gearbeitet. Du wirst mich verstehen, denn du spielst nicht mehr mit den andern Kindern mit Sand, mit kleinen Steinen, mit Tonklumpen. Du kannst begreifen, unterscheiden und deine Vernunft gebrauchen. Gib acht, daß du nicht dich selbst entehrst, noch deine Ahnen. Hüte dich vor allem Gemeinen. Was du bedenken mußt, um recht zu leben in dieser Welt und unter den Menschen, ist dies: du bist ein Weib.

Beachte, was du tun mußt. Tag und Nacht mußt du fleißig beten und flehen zu dem unsichtbaren, dem unfaßbaren Gott, Yoalliehecatl. Rufe ihn an in der Stille mit ausgebreiteten Armen. Gib dich nicht dem Schlafe hin, wache und erhebe dich um Mitternacht und wirf dich vor ihm nieder. Rufe zu ihm, dem unsichtbaren, dem unfaßbaren Gott, denn er freut sich derer, die nachts ihn anrufen. Dann wird er dich hören, sich deiner annehmen und dir geben, was dir zukommt und wessen du würdig bist. Und wenn dir etwa vor Erschaffung der Welt ein niedriges Geschick bestimmt sein sollte, wenn du unter einem bösen Verhängnis geboren bist, so wird dein Gebet und deine Buße es bessern und unser Herr wird es mildern. Bleibe darum nicht faul auf dem Lager, erhebe dich, wirf die Kleider von dir, wasche Gesicht, Mund und Hände, nimm den Besen und kehre mit Fleiß. Wasche den Göttern den Mund und opfre ihnen Weihrauch, denn das sind die Verrichtungen vermöge deren wir die Götter bitten und sie anrufen, auf daß sie unsre Wünsche erfüllen.

Sobald du all das getan hast, geh' allsogleich an deine Arbeit: Kakao bereiten, Mais malen, spinnen oder weben. Bemühe dich, gründlich zu lernen, wie Speise und Trank zu bereiten sind, auf daß sie munden. Ich spreche von den Speisen und Getränken, die man den Herren vorsetzt, und die man tetonal tlatoca tlacualli nennt.[1] Wenn

[1] „Was jedem zukommt", „eines Jeden Speise", „von Herren Speise".

du das befolgst, so wirst du reich werden, wie immer auch Gott dir das Schicksal der Ehe bestimmt. Doch solltest du in Not und Armut geraten, so trachte mit Überlegung und Gründlichkeit die weiblichen Arbeiten zu erlernen, die da sind spinnen und weben. Mach deine Augen auf, und sieh, wie sie weben und sticken und die Zeuge bemalen, wie sie die Farben wählen und mischen, auf daß sie gut zu einander stehen. Die Frauen, die diese Kunst beherrschen und geschickt in ihr sind, wissen sehr wohl, wie man die Kette anschert und den Schuss einschlägt, wie man die Schäfte zwischen die Ketten stellt, damit das Schiffchen hin und her laufen kann. Trachte in alledem gut beraten zu sein und fleißig, unterlasse es nicht aus Faulheit und Nachlässigkeit, denn jetzt bist du noch ein kleines Mädchen und hast gute Zeit zum Lernen.

Deine Seele ist rein und beweglich, ist wie ein grüner, wie ein blauer Edelstein ist voll guter Triebe, denn sie ist noch von keiner Sünde befleckt, sondern rein, schlicht und lauter, nicht verderbt von bösen Gelüsten. Noch leben wir, die dich zeugten, denn du hast dich nicht selbst gemacht und geschaffen, ich und deine Mutter haben die Mühe gehabt, dich zu machen, denn das ist der Lauf der Welt. Es ist keines Menschen Erfindung, es ist göttliche Einrichtung, daß die Zeugung geschehe durch Mann und Weib, damit das Volk sich vermehre. Solange wir noch leben und hier sind und ehe wir sterben, wenn unser Herr uns abruft, ist es deine Pflicht, meine vielgeleibte Tochter, meine Taube, all diese Dinge zu lernen und dir anzueignen, damit du nach unserm Tode ehrlich leben kannst und unter ehrbaren Menschen. Denn Kräuter sammeln, an den Ecken der Straßen Holz, Knoblauch, Salz und Salpeter zu verkaufen, solches steht dir nicht an, denn du bist edel geboren und aus adligem Stamme.

Sollte dich — woran niemand denkt — einer liebgewinnen und dir zu befehlen haben, und du wärest in den

Obliegenheiten einer Frau nicht erfahren, was wäre die Folge? Würde man das nicht uns vorwerfen, nicht uns deswegen schelten? Man würde sagen, daß wir versäumt haben dich zu lehren, was du hättest lernen müssen. Und wenn ich und deine Mutter dann schon tot wären, so würden sie uns verlästern, weil wir dich nicht erzogen hätten, als wir lebten. Und sie würden sagen: verdammt sollen sie sein, weil sie ihre Tochter ohne Unterricht haben aufwachsen lassen. Dich aber würden sie schelten und verwünschen und du trügest selbst die Schuld an deinem Unglück. Wenn du aber geschickt bist in deinen Verrichtungen, so hat niemand Ursache dich zu schelten, sondern mit Recht wirst du gelobt und geehrt und man wird dich achten, als ob du auf dem Stuhle säßest, auf dem die sitzen, die durch ihre Taten Kriegsruhm gewannen, wie ein tapferer Krieger darfst du dich des Schildes rühmen. Wenn du in deinen Geschäften so gewandt bist, wie der Soldat im Heere, so wird man sich unser erinnern, uns ehren und segnen, deinetwegen. Wenn du aber nichts ordentlich kannst, dann wird man dich mishandeln und schlagen und von dir sagen, du wüschest dich nicht und nähmst dir keine Zeit, den Kopf zu kratzen. Nur Gott weiß, welches dieser beiden Lose dir zufallen wird, welches er für dich bereit hält, ob du weise und fleißig, geliebt und gefürchtet, ob du faul, nachlässig und einfältig, verabscheut werden wirst.

Achte wohl, meine Tochter, auf das, was ich dir jetzt sagen werde. Achte darauf deine Ahnen nicht zu entehren, das Bild ihrer guten Werke und ihres Ruhmes nicht mit Staub und Schmutz zu besudeln. Gib dich nicht hin fleischlicher Lust, wirf dich nicht weg an den Unrat und Gestank der Wollust. Wenn es mit dir dahin kommen sollte, so wäre dir besser du stürbest auf der Stelle. Sieh zu, meine Tochter, daß du Schritt für Schritt vorwärts kommest in den Dingen, von denen ich zu dir gesprochen habe, und falls es unserm Herrn gefallen sollte, daß einer dich liebte und dich begehrte, so stoße ihn nicht zurück, mißachte nicht den Willen unsres Herrn, der ihn dir schickt. Empfange ihn, nimm ihn an, mach' keine Ausflüchte und warte nicht, daß man dir zurede. Verbirg dich nicht, entschlüpfe nicht mit Hohn. Obgleich du unsre Tochter bist und von edler Abkunft, rühme dich dessen nicht, weil es unsern Herren kränkt. Man würde dich mit Schmutz und Kot deswegen bewerfen. Er wird dich in Schande und Verwirrung bringen wegen deines schlechten Lebens, er wird deiner spotten. Du darfst nicht den unter den Männern wählen, der dir am besten gefällt, wie man einen Mantel auf dem Markte wählt, sondern nimm den an, der dich verlangt. Du sollst es nicht machen, wie man mit den grünen Maiskolben tut, von denen man die besten und saftigsten aussucht, du sollst keinen Mann wünschen, weil er eine schöne Gestalt hat, sollst ihn nicht mit Leidenschaft lieben. Wenn er schön ist, der dich begehrt, so nimm ihn an, und wenn er häßlich ist, so weise ihn nicht zurück. Nimm, den Gott dir schickt. Nimmst du ihn nicht, so wird er deiner spotten, dich entehren, wird versuchen deinen Leib zu schauen und dich dann als Dirne verschreien. Mache dich stark mein Kind und gib acht, daß niemand deiner spotte. Gib dich keinem, den du nicht kennst, er mag ein Landstreicher sein, ein Taugenichts, ein Schelm. Nimm keinen, als der dich zum Weibe begehrt und bei ihm halte aus bis zum Tode. Verlasse ihn nicht, auch wenn er dich verlassen will, auch wenn er ein armer Arbeiter oder ein Beamter ist, oder ein einfacher Mann von niederer Herkunft. Auch wenn er nichts zu essen hat, verachte ihn nicht, verlasse ihn nicht, denn unser Herr hat die Macht uns zu versorgen und zu Ehren zu bringen. Er ist allwissend und schenkt Gnade dem, der ihrer begehrt.

Was ich zu dir gesprochen habe, meine Tochter, gebe

ich dir als Lehre, wonach du dich achten sollst, und damit erfülle ich meine Schuldigkeit gegen unsern Herrn. Wenn du es vergißt und mißachtest, so fällt die Schuld auf dich. Ich habe meine Pflicht getan. Oh, meine Tochter meine vielgeliebte, sei glücklich und unser Herr schenke dir Ruhe und Frieden."

Der Vater hat gesprochen, aber die Mutter hat noch manches hinzuzufügen. Sie schärft vor allem der Tochter ein, die Worte des Vaters zu beherzigen, sie zur Richtschnur ihres Lebens zu machen und gibt ihnen Nachdruck durch vielfache Wiederholungen. Sie fügt aber auch Neues hinzu. Das sind zunächst Vorschriften über die Art sich zu kleiden — anständig, sauber, ehrbar mit Vermeidung von Putz. Sich mit Stickereien und kostbaren Stoffen zu behängen, sei kein Zeichen von viel Verstand, vielmehr von Narrheit. Es folgen Anstandsregeln, wie sie sich auf der Straße zu benehmen, zu gehen, wie sie zu reden habe. Alles so, wie auch wir es für geziemend halten und ganz wie eine Mutter auch heut ihre Tochter belehrt. Sie wird davor gewarnt, sich Gesicht und Lippen zu malen, denn das täten „die öffentlichen Weiber, die zuchtlosen, die alle Scham verloren haben und auch den Verstand. Sie sind wie närrisch, wie betrunken und man nennt sie Huren. Aber damit du deinem Manne gefällst, schmücke dich, halte dich und deine Kleider rein. Doch auch dies tue mit Maßen, denn wenn du dich und deine Kleider täglich wüschest, so würde man sagen du übertreibst, du seist verweichlicht, seist eine Putzdocke."

Die weise Mutter vergleicht den Lebensweg einem schmalen Pfade, der zwischen Abgründen auf beiden Seiten dahinführt. Und nun folgt eine ernste Mahnung zur Keuschheit. „Gib dich keinem Manne hin, laß dich von keinem nehmen, denn wenn du dein Jungferntum verlörest, so wirst du niemals gut mit deinem Gatten leben. Er wird nie vergessen, daß er dich nicht jungfräulich fand, und das würde für dich die Ursache großer Trübsal werden, denn er wird dir immer mißtrauen." Mit beredten Worten warnt sie vor dem Ehebruch und hält ihr die schreckliche Strafe vor, die der Ehebrecherin harre, wenn ihr Verbrechen bekannt wurde: auf offener Straße zermalmte man ihr den Kopf zwischen Steinen. Aber auch wenn der Fehltritt geheim bliebe, so straften ihn doch die Götter. Zum Schluß beschwört sie die Tochter nochmals, ein reines Leben zu führen und ihren Eltern keine Schande zu machen.

Mäßigkeit in allen Dingen, Ehrbarkeit, Fleiß und Keuschheit — sich selbst zu Liebe und den Eltern zur Ehre. Wir verlangen das gleiche von Weib und Mann. Auch zur Zeit Motecuhzomas wurden diese Anforderungen nicht nur an die Frau gestellt. Die Reden des Vaters an den Sohn enthalten — mutatis mutandis — ganz ähnliche Ermahnungen und Grundsätze. Die eine dieser Reden ist fast ausschließlich den Regeln der Keuschheit gewidmet, die — wie bei uns — in der Theorie auch vom Manne verlangt, in der Praxis von ihm verleugnet wurde. Galt doch der Verkehr mit Sklavinnen als selbstverständlich, und an öffentlichen Weibern war kein Mangel. Der Vater aber spricht von dem Gebot der Einehe, er mahnt zur völligen Enthaltsamkeit vor der Ehe und zur Mäßigkeit in der Ehe, er weist hin auf Krankheit und Erschöpfung durch unmäßigen Geschlechtsgenuß und macht die Schonung der Frau zur Pflicht.

So vorbereitet konnten Söhne und Töchter gewiß gute Ehegatten werden. Wir wissen leider von dem Eheleben der Azteken nichts. Nach allem aber dürfte wohl der Schluß erlaubt sein, daß es bei ihnen nicht anders war, als auch sonst in der Welt, es gab gute und schlechte Ehen. Nicht gerade aus Mangel an gegenseitigem Verständnis, wozu wahrscheinlich gar kein Bedürfnis vorhanden war, als aus der verschiedenen Veranlagung der

Menschen. Die Ermahnungen, die an das Mädchen ergehen, dem Manne treu und untertan zu sein, werden vielleicht nicht immer eine sichere Wirkung erzielt haben.

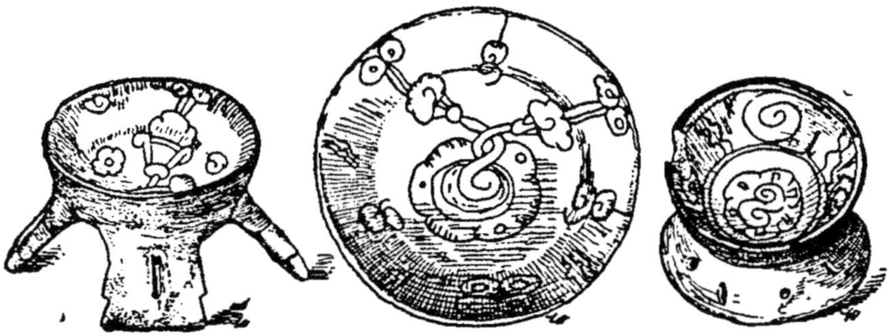

Spindelschälchen.

Die Priesterinnen der Ehe.

V. WERBUNG UND HOCHZEIT.

Keuschheit und Heiligkeit der Ehe gehörten zu den Moralgesetzen der alten Azteken. Es erhellt dies auch genugsam aus den Reden, die im vorhergehenden Abschnitt zu lesen waren. Eine sehr frühe Eheschließung kam solchen Anschauungen entgegen. Sobald die Eltern sahen, daß der Knabe zum Jüngling geworden und zur Ehe reif sei, wurde an seine Verheiratung gedacht. Der Familienrat wurde zusammenberufen und der Vater nahm das Wort: „Es ist an der Zeit, daß wir für unsern armen Sohn eine Frau suchen, damit er keine Torheit begehe, keine Unzucht mit Weibern treibe, denn schon ist er ein Mann." Die Söhne wuchsen meist nicht bei den Eltern auf, sondern gemeinsam mit ihren Genossen im Junggesellenhause. Die Trennung von diesem, die Heimkehr ins Vaterhaus zum Zwecke der Verehelichung vollzog sich — wie alles im Leben dieses auf zeremonielles Wesen gestimmten Volkes — in feststehenden Formen. Der Sohn wurde herbeigerufen und der Vater sprach zu ihm: „Wir haben im Verwandtenrat über dich gesprochen, denn wir sorgen uns um dich, mein armer Junge. Du bist ein Mann geworden und es dünkt uns recht, eine Frau für dich zu suchen, damit du heiratest. Bitte deine Lehrer um Erlaubnis, dich von den andern Jünglingen, deinen Genossen, mit denen du aufgewachsen bist, zu verabschieden. Und die, in deren Obhut ihr aufgewachsen seid und die man Telpuchtlatoque (Vorsteher der Jünglinge) nennt, müssen davon benachrichtigt werden." Der Jüngling dankte geziemend und versicherte, auch sein Wunsch sei es, nunmehr die Mühe und Arbeit des Lebens auf sich zu nehmen. Dann wurden die Vorsteher bewirtet und beschenkt, die Verwandten und Ältesten des Sprengels setzten sich im Kreise nieder und pflanzten eine Axt vor sich auf, von der Art, wie sie von den Knaben im Erziehungshause zum Holzspalten gebraucht wurde Diese Kupferaxt[1] mußte neu sein, denn sie stellte eine Art Lösegeld vor. Einer der älteren Verwandten nahm nun das Wort: „Angehörige und Lehrer der Junggesellenschaft, die ihr hier zugegen seid, trauert nicht, daß euer Bruder, unser Sohn, sich von euch trennen will. Er will ein Weib nehmen. Sehet hier diese Axt, sie ist ein Wahrzeichen dafür, daß er sich von eurer Gemeinschaft scheidet nach unsrer Sitte. Nehmt sie und entlasset meinen Sohn." Darauf erfolgt die erbetene Entlassung durch den Vorsteher mit feierlichen Worten.

Nun konnte man daran denken, eine Frau für ihn zu suchen. Und wiederum lag es der Familie und den Ältesten gemeinsam ob, die Wahl zu treffen. Diese Mitwirkung des Ältestenrats bei allen wichtigen Gelegenheiten, von denen wir annehmen, daß sie eigenste Sache der Familie seien, zeigt klar und deutlich, welche Rolle die weitere Familie, die Sippe, spielte, zeigt, daß das Leben in der

---

[1] In Amerika kannte man vor Ankunft der Europäer kein Eisen. Die hohe Kultur der Azteken und der ihnen verwandten Stämme gehört durchaus der Steinzeit an. In Mexiko kannte man auch keine Bronze, nur Kupfer, das man aber gut zu härten verstand

Stammesverfassung fest verankert war. Berufswahl, Heirat, Bewillkommnung des neuen Lebens im Mutterleibe und am Lichte des Tages—um nur einiges zu nennen — alles geschah mit Hilfe und Bewilligung des Ältestenrats.

Nachdem nun in den gemeinsamen Beratungen die Wahl getroffen war, nahm man die Hilfe der Heiratsvermittlerinnen in Anspruch. Diesen Frauen lag es ob, Freiwerberdienste zu leisten, sie hatten die einleitenden Schritte zu tun und die Verhandlungen zu führen. Sie nahmen eine ähnliche Stellung ein, wie die Hebammen, d. h. sie gehörten zu den Priesterinnen.

Diese Frauen begaben sich in das Haus des erwählten Mädchens, um sie von den Eltern zum Weibe zu erbitten für den Jüngling, in dessen Auftrage — oder vielmehr im Auftrage von dessen Verwandten — sie kamen. Es heißt, daß sie dabei viel Redekunst und große Worte gebrauchten, was nach allem bisher Erzählten nicht gerade Wunder nehmen kann. Es wäre vielmehr weit erstaunlicher zu hören, daß es ohne die üblichen Reden abgegangen sei. Man antwortete ihnen mit Ausflüchten, die Tochter sei noch zu jung zur Ehe, zu unerfahren und des Bräutigams nicht würdig. Die Ablehnung, die nur als eine feststehende Form aufzufassen ist, geschah mit großer Weitschweifigkeit und vielen Höflichkeiten. Die Werberinnen baten, man möge die Sache überlegen und verabschiedeten sich. Aber am nächsten Morgen waren sie wieder zur Stelle und das gleiche Spiel begann von neuem. Nach vier Tagen kamen sie zum drittenmale und erhielten nun folgenden Bescheid: „Liebe Frauen, ihr gebt euch große Mühe um dieses Mädchen, das ihr mit solchem Eifer zur Gattin für jenen Jüngling begehrt. Wir begreifen nicht, wie er in den Irrtum verfallen konnte, gerade sie zum Weibe zu verlangen Sie ist ja zu nichts nütze, ist ein albernes Ding. Aber da ihr nun einmal diesen Handel mit solchem Eifer betreibt, so müssen wir hören, wie die Muhmen und Oheime, wie die männlichen und weiblichen Verwandten des Mädchens über die Sache denken. Wir wollen hören, was sie dazu sagen, und auch unsre Tochter soll es hören. Kommt also morgen wieder und ihr sollt dann die entscheidende Antwort erhalten."

Nun versammelten sich die Verwandten des Mädchens und hielten Rat und wenn sie sich einigten, so stimmten auch die Eltern zu: „Es sei so. Der Jüngling wird zufrieden sein, wenn er hört, wie der Beschluß ausgefallen ist, er wird sich freuen, daß er sie zur Ehe bekommt, obgleich er Mühe und Arbeit damit auf sich nimmt. Und obgleich unsre Tochter nichts versteht und in allen weiblichen Obliegenheiten unerfahren ist, scheint es doch, als habe er das Mädchen gern."

Diese Worte treiben die Bescheidenheit so weit, daß die Eltern damit den Wert ihrer Tochter den eignen Verwandten gegenüber herabsetzten, während wir doch wissen, daß ihre Erziehung sie gerade zu Hausfrauen-Künsten und -Pflichten besonders geschickt zu machen geeignet war. Sie gehören zu den feststehenden Redeblüten, durch die übertriebene Höflichkeit sich selbst erniedrigt. Zum erstenmale hören wir hier davon sprechen, daß der Jüngling das Mädchen begehre und gern habe, während es bisher so schien, als ob er nur leidend alle Familienbeschlüsse müsse über sich ergehen lassen. Wir dürfen daher hoffen, daß auch die alten Mexikaner die Zuneigung bei der Eheschließung nicht etwa als ganz gleichgültig ansahen, oder sie gar ausschalteten, sondern sie als eine berechtigte, vielleicht sogar wünschenswerte Nebenerscheinung betrachteten.

Den Eltern des Freiers wurde nun mitgeteilt, daß der Handel beschlossen sei und sie den Tag der Hochzeit bestimmen möchten. Es ist auffallend, daß gar nicht von geschäftlichen Vereinbarungen die Rede ist. Gefehlt haben sie gewiß nicht. Aber weder wissen wir, ob von der Braut eine Mitgift verlangt wurde, noch ob der Jüngling Brautgeschenke zu geben hatte. Wie man mir im Lande erzählte, ist es heutzutage üblich, daß der Mann erst vier Jahre[1] den Eltern der Braut dient und das junge Paar im Hause der Eltern des Mannes lebt, wo die Frau als wertvolle Arbeitskraft willkommen geheißen wird. Ich möchte noch hinzufügen, daß oft mehrere mit einander verschwägerte Familien unter einem Dache leben, und — im Gegensatz zu manchen andern Ländern — daß zwischen den Frauen meist Eintracht herrscht, Zank und Streit aber selten ist.

Wie bei allen wichtigen Anlässen und Unternehmungen, so mußte natürlich auch für den Beginn des neuen Lebensabschnittes ein Tag bestimmt werden, der günstige Zeichen aufwies. Also wurden wieder einmal die Wahrsager berufen, d. h. die Priester, die das Buch der Tage zu deuten wußten, um den rechten Tag für das Fest zu bestimmen. Als besonders günstige Kalenderzeichen galten: acatl, Rohr; ozomatli, Affe; cipactli, Schwertfisch; cuautli, Adler. Es wird aber nirgends angedeutet, weshalb gerade diese vier aus der Reihe der zwanzig für die Eheschließung bevorzugt wurden.

War nun der glückverheißende Tag gefunden, so begannen sogleich die Vorbereitungen für den Festschmaus. Man wird aus dem Abschnitt über die Küche sich eine Vorstellung machen können, daß diese Vorbereitungen ein gut Stück Zeit und Arbeit verlangten. Die Küchensorgen waren wohl dazu angetan den weiblichen Teil der Hausgenossen in Atem zu halten, und es mag vor einer Hochzeit im Hause der Braut ein hastiges Leben und Treiben gewesen sein, ganz wie bei uns aus gleichem Anlaß. Wird

---

[1] Man sieht, daß die heilige Zahl auch heute ihre Bedeutung noch nicht eingebüßt hat.

doch im Sahagun erzählt, daß man nachts nicht schlief, um der Fülle der Arbeit Herr zu werden. Es mußte Mais gemahlen werden und Kakao, tamales wurden hergerichtet und Pfefferschoten für chilmolli gerieben. Für Blumen mußte gesorgt werden, für Tabak und für die Rauchrohre, für Wohlgerüche, Fackeln und schöne Kleider.

Am Tage vor der Hochzeit erging die Einladung an die Standespersonen, an die Lehrer und Schüler des Junggesellenhauses und alle Verwandten der Brautleute. Sie strömten schon am Morgen in das Hochzeitshaus, und zwar kamen zuerst die Vorsteher des Junggesellenhauses mit ihren Zöglingen, um Kakao und Pulque zu trinken. Ihnen folgten die alten — will sagen die verheirateten — Frauen und Männer. Und nun begann der Schmaus. Das Haus war voll von Gästen und Dienerschaft, die neben den Speisen Blumen und Wohlgerüche verteilten. Viele der geladenen Frauen brachten Stoffe zum Geschenk, ärmere brachten Mais. All diese Gaben wurden angesichts des Herdfeuers überreicht. Aus kleinen Gefäßen tranken die Alten Pulque, aber das Gesetz erlaubte nur vier Becher. Der fünfte brachte schon Trunkenheit und darauf stand Todesstrafe, denn sie galt als Sakrileg. Der Pulque war gewürzt, eine Sitte, die man auch heut noch kennt. Aber die Beschränkung der Becherzahl kennt man leider heut nicht mehr. Die eigentlichen Hochzeitszeremonien fanden am Nachmittage statt.

Die Braut wurde gebadet und ihre Haare gewaschen, darauf wurde sie von den andern Jungfrauen geschmückt. Ihr Gesicht wurde mit Ocker gelb geschminkt und dann mit dem Pulver von goldig schimmerndem Schwefelkies bestreut; Arme und Beine wurden mit roten Federn beklebt. Wir dürfen annehmen, daß ihr Hemd und Rock reich gestickt oder bemalt war, obgleich nirgends etwas davon erwähnt wird, doch wissen wir, daß die Frauen zu allen großen Gelegenheiten solche Kleider anzulegen pflegten. War sie fertig geputzt, so setzte man sie auf eine Matte neben den Herd und die verheirateten Frauen und Männer der Verwandtschaft des Bräutigams traten hinzu um sie zu begrüßen. Sie sagten ihr, daß sie nun schon zu den Alten, d. h. den Verheirateten, gehöre, daß sie kein junges Mädchen mehr sei, sondern im Beginne der Frauenschaft stehe, daß die Tage der Kindheit und Jugend vorüber seien. Sie dürfe sich von jetzt an nicht mehr wie ein Kind oder Mädchen benehmen, sondern habe zu sprechen und zu grüßen, wie es sich für sie schicke. Sie müsse nachts aufstehen, das Haus zu fegen und vor Tagesgrauen Feuer machen und dürfe das keinen Tag versäumen. Diese Pflicht und die Ermahnungen, sie beileibe nicht zu vernachlässigen, spielten ja schon bei der Erziehung keine geringe Rolle. Aber auch der Klang der folgenden Worte ist uns nicht fremd: „Beschäme und entehre uns nicht, die wir nun deine Verwandten sind, deine Väter und Mütter. Deine Vorfahren sind tot, sie können dir nicht mehr sagen. was du zu tun hast, darum sind wir hier, es dir zu sagen. Fasse Mut, liebe Tochter. Du mußt dich jetzt von Vater und Mutter trennen, mußt dein Herz von ihnen losreißen, wirst nicht mehr zu ihnen zurückkehren, du wirst sie verlassen. Du bist unsre Tochter und wir wünschen dir Glück und Wohlergehen." Damit ist die Braut in die Sippe ihres Mannes feierlich aufgenommen. Als wohlerzogene Tochter beantwortet sie diese Ansprache mit Dank für die Ehre, die man ihr erwiesen, für die Worte, die aus freundlichen Herzen geflossen sind. Sie verspricht, sie als kostbare Gabe mit Achtung im Gedächtnis zu bewahren und schließt „Als wahre Väter und Mütter habt ihr an mir gehandelt und mich beraten. Ich danke euch sehr für das Gute, was ihr an mir getan habt."

Um die Zeit des Sonnenunterganges kam die Familie des Bräutigams abermals ins Haus der Braut mit entschuldigenden Worten gegen deren Eltern: „Hoffentlich geben wir euch kein Ärgernis mit unserm Getrampel. Wisset wir kommen, um unsre Tochter zu holen. Wir wollen sie mit uns nehmen.“ Darauf breitete eine Alte ein großes, schwarzes Tuch — tlilquemitl — auf dem Boden aus, die Braut kniete darauf nieder, die Alte faßte die Zipfel zusammen und hob das Bündel auf ihren Rücken. Fackeln wurden entzündet und gaben das Zeichen, daß man jetzt die Braut in das Haus ihres Mannes tragen werde. In zwei Reihen geordnet begleiteten alle den Zug.

Die Braut wird in das Haus des Mannes getragen. Codex Mendoza.

Ihre Verwandten aber umgaben sie dicht gedrängt. So zog man durch die Straßen, wo sich die schaulustige Menge drängte, die Braut durch Zurufe begrüßte und die Eltern sie ihren Töchtern als Beispiel priesen, als ein wohlerzogenes Mädchen, das den Ratschlägen der Eltern Gehör gegeben habe. Es scheint doch mit dem unbedingten Gehorsam und der Unterwerfung unter den Familienwillen in dieser Frage nicht immer ganz glatt abgegangen zu sein. Wozu sonst die vielen, immer wiederkehrenden Ermahnungen gerade mit Bezug auf diesen Punkt? Sollten Liebeshändel im alten Mexiko ganz unbekannt gewesen sein?

In dieser Art, die Braut in das Haus ihres künftigen

Gatten zu führen, auf dem Rücken, wie ein Bündel, im verhüllenden schwarzen Tuch, bei Fackellicht und der Anordnung der ihr folgenden Verwandten und Gäste, darf man vielleicht einen Anklang an uralte Sitte sehen, darf daraus schließen, daß in frühen Zeiten bei den alten Azteken der Brautraub üblich war. Es ist dies nur eine Vermutung, die ich hier äußere, da uns von den Sitten, die in früher Zeit bei diesem Volke im Schwange waren, nur sehr wenig bekannt ist

Sobald man im Hause angekommen war, wurde das Brautpaar neben den Herd gesetzt, die Braut zur Linken, der Bräutigam zur Rechten, und die Mutter des Mannes bekleidete die Schwiegertochter mit reich gesticktem Hemd und Rock Die Mutter der Frau aber legte dem Schwiegersohn eine Schulterdecke um, knüpfte die Zipfel auf der Schulter zusammen und legte eine Schambinde zu seinen Füßen. Nachdem so beide neu eingekleidet waren, knüpften die Heiratsvermittlerinnen den Mantel des Jünglings mit dem Hemd der Braut zusammen und die Schwiegermutter wusch ihrer Schnur den Mund. Dann trug sie einen Teller mit tamales herzu und einen zweiten mit molli und gab jedem der beiden vier Bissen zu essen. Das war die erste Speise, die beide als Eheleute zu sich nahmen.

Nun führten die Heiratsvermittlerinnen — Priesterinnen der Ehe werden sie genannt — die Vermählten in ein Zimmer, warfen sie aufs Lager, gingen hinaus, versperrten die Tür und setzten sich davor, um Wache zu halten. Die ganze Nacht blieben sie dort sitzen und tranken — was, wird nicht gesagt. Die vier erlaubten Becher Pulque dürften für die ganze Nacht kaum gereicht haben. Nachdem sie solchergestalt vier Tage gewacht hatten, nahmen sie die Matte, auf der der Beischlaf vollzogen war, schüttelten sie auf dem Hofe aus unter Beobachtung gewisser Zeremonien, über die leider nirgends

Näheres gesagt wird, und brachten sie wieder zum Lager zurück. Während dieser vier Tage schmausten die beiderseitigen Verwandten im Hause miteinander, freundeten sich an und taten sich zu einer Sippe zusammen.

Am vierten Tage ging man endlich auseinander und nachhause. Nicht ohne ein paar kurze Reden. So sprach eine der weiblichen Verwandten des jungen Ehemannes zur Frau: „Meine Tochter, deine Mütter, die hier zugegen sind und deine Väter wollen dich trösten Sei stark, Tochter, und betrübe dich nicht wegen der Last der Ehe, die du tragen mußt. Wenn sie auch schwer ist, mit Hilfe unsres Herrn wirst du sie tragen. Bitte ihn, daß er dir helfe, bete zu ihm, daß er dir viele Lebenstage schenke und dir helfe, den Berg der Arbeit zu ersteigen. Vielleicht, meine Tochter, wirst du den Gipfel ohne Hindernis erreichen, ohne Ermüdung, die Gott dir vielleicht schickt. Wir wissen nicht, was er Gutes für dich bereit hält. Hoffe auf ihn.

Hier siehst du fünf Tücher, die dein Mann dir gibt, um damit auf den Markt zu gehen und die Dinge zu erhandeln, deren du zur Bereitung der Speisen benötigst, als da sind: Pfefferschoten, Brennholz, Salz und anderes. Das ist die Sitte, die wir von den Alten überkommen haben. Arbeite, Tochter, und versieh deine Hausfrauenpflichten allein, niemand wird dir helfen. Jetzt gehen wir. Sei glücklich und erfolgreich. Das wünschen wir dir."

Die Brautmutter aber sprach zu ihrem Schwiegersohn: „Hier stehst du vor mir, mein Sohn, unser Jaguar, unser Adler, unsre Schmuckfeder und unser Edelstein. Jetzt bist du unser zärtlich geliebter Sohn. Begreife, daß du ein verheirateter Mann bist, daß du unsre Tochter zum Weibe hast. Das ist, scheint uns, keine Kleinigkeit, vielmehr ist es eine andre Welt, in der du jetzt mit uns redest. Du bist jetzt ein selbständiger Mann Du mußt andre Lebensgewohnheiten annehmen als bisher. Du bist ein

Mann und hast nicht mehr die Seele eines Knaben. Es ziemt sich hinfort nicht für dich, ein übermütiger Jüngling zu sein, nicht an den Vergnügungen und Lustbarkeiten der Junggesellen teilzunehmen oder an Possenreißereien, nicht in die Freudenhäuser zu gehen. Denn du bist ein verheirateter Mann." Es folgen noch Ratschläge für die Handelsreisen, die er zu machen haben wird, Ermahnungen zu einfachem und sparsamem Leben, denn keinem fliege Essen und Trinken ins Haus, ohne daß er arbeitet. „Man muß arbeiten, um die Gnade unsres Herrn zu erlangen. Weiter habe ich dir nichts zu sagen. Möge es dir gut ergehen."

Die Ehe war geschlossen, der Segen der Eltern erteilt. Das Mädchen war Frau geworden und aus der Hörigkeit des Vaters in die des Mannes getreten.

Der Mann auf der Reise, die Frau am Mahlstein.

Markt.

VI. PFLICHTEN, BESCHÄFTIGUNGEN UND BERUFE.

Nicht Sklavinnen waren die Frauen, wenn auch dem Manne untertan. Ihre Stimme wurde gehört im Rate der Familie, im Rate der Ältesten. Weitgehende Mitbestimmung stand ihnen zu über die Kinder, insbesondere die Töchter, wie aus dem bisher Gesagten zweifellos hervorgeht. Sie nahmen auch Teil an öffentlichen Vorgängen, wie die Rede eines Edlen an das Volk beweist, nach der Wahl und Tronbesteigung des Fürsten. Sie beginnt mit den Worten: „Hört aufmerksam zu, alle, die ihr hier zugegen seid, Männer und Frauen."

Das zehnte Buch des Sahagun trägt die Überschrift: De la General Historia de los Vicios y Virtudes así Espirituales como Corporales[1]. Darin werden alle Arten von Menschen

[1] Allgemeine Geschichte der Laster und Tugenden, sowohl der geistigen als der körperlichen.

und Berufen, alle Verwandtschaftsgrade, Würdenträger, Handwerker, Kaufleute und Verkäufer aufgeführt und mit kurzen Worten geschildert. Aber alles hier Gesagte ist so konventionell und schematisch, daß wir wenig genug daraus entnehmen können. Als Beispiel dafür mag hier angeführt werden, was im Anfange des ersten Abschnitts über Vater und Mutter gesagt wird. Es heißt da:

Der Vater ist die stärkste Wurzel und der Stamm der Familie. Ihm kommt es zu, fleißig zu sein und sorgsam, damit durch seine Umsicht das Haus regiert und erhalten werde. Der gute Vater erzieht und erhält seine Kinder, unterrichtet sie im Glauben und läßt ihnen gute Lehre zuteil werden . Er schilt sie, er gibt ihnen Rat und gutes Beispiel. Er ist ihnen Vorbild und Schutz. Er führt Rechnung über die Kosten des Haushaltes, ordnet sie für seine Kinder und trifft Vorsorge für kommende Zeiten. — Der schlechte Vater ist lässig und sorglos, er geht müßig und kümmert sich um nichts. Er vernachlässigt aus Trägheit seine Pflichten und vertrödelt seine Zeit mit Nichtstun.

Die Pflicht der Mutter ist Kinder zu gebären und zu säugen. Die tugendhafte Mutter ist aufmerksam, tätig, wachsam, liebreich und besorgt. Sie zieht ihre Kinder auf und ist dauernd für sie bemüht. Sie wacht darüber. daß ihnen nichts fehle, sie kleidet und schmückt sie. Sie ist wie die Sklavin aller im Hause und sorgt für das, was ein jeder nötig hat. Kein Bedürfnis des Hauses läßt sie unbeachtet, sie ist aufmerksam, fleißig und arbeitsam. — Die schlechte Mutter ist töricht, unwissend, verschlafen, faul, verschwenderisch. Sie ist eine schlechte Haushälterin und vernachlässigt die Wirtschaft. Sie läßt aus Trägheit und Unlust alles verkommen. Sie sorgt weder für ihre eignen Bedürfnisse, noch für die der Familie. Sie kümmert sich nicht um den Haushalt, verweist den Ihren nicht ihre Fehler, die sich deswegen dauernd vermehren. —

Diese, d. h. Väter und Mütter haben rechtmäßige Kinder

und uneheliche. Diese letzte Bemerkung möchte ich auf die Sitte beziehen, die auch heut noch in Mexiko geübt wird, daß nämlich auch uneheliche Kinder im Hause ihres verheirateten Vaters oder ihrer Mutter erzogen werden, gemeinsam mit den ehelichen, sehr zum Nutzen der unehelichen, die dadurch in keiner Weise zu dem Gefühl kommen, außerhalb der Gesellschaft zu stehen, und denen auch solche Auffassung nirgends entgegensteht.[1]

Man kann wohl sagen, daß eine farblosere Charakterisierung der Elternpflichten und ihrer Vernachlässigung kaum gedacht werden kann, und daß wir über die Stellung der Frau und Mutter keinen Aufschluß erhalten. In gleicher Weise werden alle Grade der Verwandtschaft abgehandelt, zuletzt die Stiefeltern, wodurch wir erfahren, daß Wiederverheiratung von Witwen und Witwern erlaubt war.

Weiterhin, bei der Schilderung vornehmer Frauen finden wir dann wiederholt die Bemerkung, daß sie ihre Angehörigen und ihre Dienerschaft in guter Zucht halten, daß ihnen Gehorsam geleistet wird, daß sie im Hause eine fast unbeschränkte Herrschaft ausübten. Die fürstliche Frau, heißt es, herrscht und befiehlt wie der Herr.

Über die Frauen der unteren Stände wird noch weniger gesagt. Die guten unter ihnen seien keusch, ehrlich, fleißig und wohl geachtet, die schlechten aber von alledem das Gegenteil. So wird ihr Verhältnis zum Manne sich wohl am besten durch das reizende Wort Karl von den Steinens ausdrücken lassen „er ist ihr Herr und Gebieter und tut was die Frau will".

Die Zeit dieser Frauen war sicher vollkommen ausgefüllt mit den Arbeiten, die zur Befriedigung der Bedürf-

---

[1] Wir haben oft auf die Frage nach Namen und Verwandtschaft die für ganz selbstverständlich gehaltene Antwort gehört: „ich bin ein natürlicher Sohn von N. N.".

nisse des täglichen Lebens erforderlich waren. Wer je gesehen hat, welche Arbeit und Mühe die Zubereitung und Verarbeitung der Maisfrucht erfordert, ehe sie zu dem Fladen wird, der die Stelle des Brodes vertritt, der weiß, daß die Frau nicht faullenzen darf, wenn sie die ganze Wirtschaft allein besorgen und alle hungrigen Mäuler stopfen muß. Auch die Bereitung der unentbehrlichen Pfefferschoten-Soße, ohne die kein mexikanisches Essen denkbar ist, ist mühsam. Da aber die alten Mexikaner nicht nackt gingen, wie die Wilden, so lag ihr auch ob, für Kleidung zu sorgen.

Auch die Frau des Kaufherren, die doch schon den höheren Ständen zuzuzählen ist, hatte diese Arbeiten zu leisten, doch hatte sie Dienerinnen zu ihrer Hilfe. Im Innern des Landes, wo auch heut noch der Maisfladen die Herrschaft hat, ist in den wohlhabenden Häusern eine Dienerin oder Angehörige ausschließlich mit deren Herstellung beschäftigt.

Die Frauen der Fürsten, Beamten und Würdenträger hatten Sklavinnen und Dienerinnen genug zur Verfügung, um den Sorgen für Küche und Kleidung enthoben zu sein. Ihre Pflichten bestanden darin Kinder zur Welt zu bringen, zu säugen und großzuziehen und ihr zahlreiches Gesinde in Zucht zu halten. Sie füllten ihre Zeit mit der Anfertigung kunstvoller Webereien und Stickereien aus, zu denen sie fein verzierte und geschmückte Gerätschaften besaßen[1]. Dann aber hielten sie — ebenso wie die großen Herren — Bucklige und Zwerge zu ihrer Ergötzung und unter diesen gab es auch solche, die zu singen und eine kleine Pauke — huehuetl[2] — zu schlagen verstanden. Es wird auch berichtet, daß sie sich der Armen annahmen.

---

[1] Siehe den Abschnitt „Kleidung". [2] Huehuetl war in verschiedensten Größen gebräuchlich. Die größten standen auf dem Boden, die kleinsten hielt man im Arm.

Es wurde auch Berufsarbeit von den Frauen geleistet. Sagt doch der Vater in seiner großen Rede zu der heranwachsenden Tochter, sie solle gründlich spinnen, weben und sticken lernen, um sich im Notfalle ihren Lebensunterhalt damit verdienen zu können. Und anderwärts wird davon gesprochen, daß man auf dem Markte auch Stoffe kaufen könne. Damit ist bewiesen, daß dergleichen Dinge gewerbsmäßig hergestellt wurden. Auch erwähnt Sahagun ausdrücklich Spinnerinnen, Weberinnen verzierter Stoffe, Stickerinnen, Näherinnen, Kochfrauen, Ärztinnen als besondere Berufe. Auch unter den Marktfrauen werden solche genannt, die als Vertreterinnen einer Berufsarbeit anzusehen sind, so z. B. die Gemüseverkäuferinnen, die das Gemüse selber ziehen, also als Gärtnerinnen anzusprechen sind. Da fand sich in alter Zeit noch eine sonderliche Berufsübung unter den Marktfrauen vertreten. Es war dies eine Art Kopfwäscherei, die aber nicht mit Wasser sondern mit schwarzer Erde und Indigo bewerkstelligt wurde. Der Ton wurde den Leuten auf den Kopf geschmiert und der Indigo darauf gestreut. Dieser war gemahlen und vermischt mit den zerriebenen Blättern des Huisache-Baumes (einer Akazienart) und einer Rinde. Wahrscheinlich handelt es sich dabei um eine Kur gegen eine Krankheit der Kopfhaut, etwa Grind oder ähnliches.

Das Gewühl eines mexikanischen Marktes ist außergewöhnlich bunt und heiter. Und war es vielleicht im Altertum ein noch lebhafteres Treiben, so gleicht doch das Bild im großen und ganzen dem vergangener, vorspanischer Tage. Vor allem sind es die Frauen, die mit uralt gewohnter Tracht angetan, in uralt gewohnter Weise auf ihrer Matte hockend, auf einer zweiten Matte die in kleine Häufchen abgeteilten Lebensmittel vor sich, denen das Marktbild sein praecortesianisches Gepräge verdankt. Mais und Bohnen, Pfefferschoten, Tomaten, Kakao, Gewürze und Samen, Salz, Salpeter, Brennholz und Maisfladen, Stoffe, Körbe, Schuhe, bunt bemalte Jicaras[1], Früchte, Töpfereien, Matten, Besen, Heilkräuter, Taschen und Netze sind auch heut auf dem Markte zu finden, wie vor vierhundert Jahren und wer weiß wie lange schon vorher. Freilich fehlt heut der Sklavenhändler, der Verkäufer von Schmucksteinen und Schmuckfedern, der Gold- und Silberarbeiter, der Farbenhändler und der Mann, der Rauchrohre feilhält. Die Frau, die fertig zubereitete Speisen ausbietet und verschieden gefärbte Getränke, fehlt heute nicht, wie sie auch damals nirgends fehlte. Aber die Kopfwäscherin würden wir umsonst suchen.

Wurde von diesen eine Heilmethode nach Art der Barbiere oder Heilgehilfen ausgeführt, so gab es doch auch wirkliche Ärztinnen, deren auf Erfahrung und einer guten Kenntnis heilkräftiger Pflanzen aufgebautes Wissen nicht zu unterschätzen war. Auch heutigen Tages hat jedes Dorf heilkundige Frauen und ihre Mittel sind oft erstaunlich wirksam. Mancher deutsche Arzt hat mir von überraschend erfolgreichen Kuren erzählt, die er von ihnen hat ausführen sehen, und ich habe an meinem eigenen Leibe ihre wohltätige Wirksamkeit erfahren. — Die Ärztinnen waren hoch angesehen und geehrt. Man darf wohl annehmen, daß sie zu den priesterlichen Frauen gehörten, gerade so wie die Hebammen. — Vielleicht gaben ihnen die vielen Menschenopfer, die den in der letzten Epoche des mexikanischen Reiches blutdürstig gewordenen Göttern dargebracht wurden, Gelegenheit zu Einblicken in gewisse Teile des menschlichen Körpers. So, daß sie zwar nicht gerade Anatominnen wurden, aber doch vielleicht eine Vorstellung von inneren Vorgängen gewannen, die nicht jedem Naturarzt geläufig zu sein pflegt. Sie verstanden den Aderlaß, kannten Abführmittel, wußten Wunden zu

[1] Aus getrockneten Schalen der Früchte des Kalabassenbaumes gefertigte Gefäße zum Gebrauch für Haus und Küche.

heilen, Gicht und Augenkrankheiten zu kurieren und waren in der Kunst des Knetens wohl erfahren. Ihre Schutzheilige war die große Göttin Teteoinnan, unter dem Namen Temazcalteci Schützerin der Schwitzbäder, die im Heilverfahren einen breiten Raum einnahmen.

Sonderbare Vorstellungen herrschten über die Entstehung von Krankheiten. So glaubte man von einigen Pflanzen, daß sie Erkrankung der Schamteile hervorriefen, wenn man darauf träte. Und durch den sehr ausgebreiteten Aberglauben wurde es auch solchen Frauen nicht schwer Arbeit zu finden, die durch Zauberei heilen zu können vorgaben. Arzneikunst und Aberglaube sind ja überall in der Welt eng verschwistert. Spielte doch die Zauberei im Denken der Azteken keine geringe Rolle. Sogar unter ihren Göttern waren Zauberer, und eine Schwester des Huitzilpochtli, des Haupt- und Stammgottes der Mexikaner, war eine berüchtigte Zauberin, die durch ihren Blick Unheil zu stiften vermochte.

Kunst und Geschicklichkeit der Spinnerinnen, Weberinnen, Stickerinnen und die Pracht der Gewänder wird von den Spaniern sehr gerühmt. Und diese Begabung ihrer Ahnmütter ist auf die jungen Indianerinnen bis heutigen Tages vererbt worden, denn sie sind in allen weiblichen Handarbeiten sehr gewandt und geschickt. Leider aber ist uns von der Kunstleistung der Vormütter nichts erhalten. Während aus dem trockenen Boden Perus die herrlichsten Schätze von Stoffen und Stickereien aller Art ans Licht gezogen werden, und uns einen Begriff geben von dem Geschick, dem Geschmack, dem vollendeten Stilgefühl ihrer Verfertigerinnen, haben die reichlich fallenden Regen Mexikos und die weitverbreitete Sitte der Leichenverbrennung all diese Pracht zerstört. Die Bilderschriften zeigen überwiegend zeremonielle Gewänder, und unsrer Einbildungskraft ist reichlich Spielraum gelassen, sich mit

Hilfe spärlicher Beschreibungen die Muster und die Technik der Stickereien, Federborten, eingewebten Muster und Bemalungen der Stoffe vorzustellen.

Die Spinnerin mußte groben und feinen Faden zu drehen verstehen. Baumwolle war die bevorzugte Gespinstfaser, aber zu ganz feinen Stoffen wurden auch die Flaumfedern von Vögeln versponnen. Es gab Spezialistinnen für diese Art von Gespinnst und sie pflegten sich eigene Vogelhecken zu züchten. Agave, Ananas und Kaktus gaben das Rohmaterial zu gröberem, sehr festem Faden, wie man sich durch den Augenschein überzeugen kann, da sie heut noch verarbeitet werden.

Waren nun all diese verschiedenen Rohstoffe zu Fäden versponnen, so kamen sie in die Hände der Weberin, die ihr kunstreiches Werk mit einfachstem Gerät begann. Sie webte glatte und gemusterte Stoffe, Mäntel mit bunten Rändern und wußte während des Webens mit der Nadel Verzierungen einzusticken. So ging ihr Gewerbe in das der Stickerin über, die die Vollendung der fertigen Stoffe vornahm. Sie stickte die vom Kultus und Hofzeremoniell vorgeschriebenen Muster in die Mäntel der Männer, versah die Röcke der Frauen mit bunten Borten und stickte das Bruststück der Weiberhemden. Die gute Weberin mußte aber auch einen tugendhaften Lebenswandel führen, sonst brachte sie kein tadelloses Gewebe zustande, es wurde locker und uneben.

Von Priesterinnen wird uns erzählt; Hebammen, Ärztinnen, Heiratsvermittlerinnen werden als solche bezeichnet. Aber es wäre falsch an ein Priestertum zu denken, wie die griechische und kleinasiatische Welt es kannte. Diese Frauen hatten mit den eigentlichen Kulthandlungen nichts zu schaffen. Sie waren Dienerinnen am Tempel. In ihrer Eigenschaft als Helferinnen bei Begebenheiten und Handlungen, die unter besonderem Götterschutz stehen, wurden sie zu Priesterinnen, Vermittlerinnen zwischen Göttern und Menschen. Besonders deutlich tritt das in der Kette symbolischer Handlungen zutage, die die Wehmutter mit dem Neugeborenen und dem Täufling vornimmt. Auch der Kampf, den Hebammen und Ärztinnen mit den jungen Kriegern ausfechten um die Leiche einer im ersten Kindbett gestorbenen Frau, zeigt klar deren priesterlichen Charakter. Ihnen sind auch die Frauen zuzuzählen, die Aufsicht zu führen und das Erzieheramt auszuüben hatten über die im Tempel heranwachsenden Mädchen, sowie auch die Frau, die im Tempel der großen Göttermutter Teteoinnan oder Toci die Gaben entgegennahm, die von Weibern der Göttin dargebracht wurden und die Sorge dafür tragen mußte, daß es an ihrem Feste weder an Blumen, noch Weihrauch, weder an Tabak, noch Rauchrohren fehle. In einem andern Tempel führte eine Frau die Aufsicht über Feger und Feueranzünder, daß sie nicht säumig in ihrer Arbeit waren. Auch war es ihres Amtes die Gelübde entgegenzunehmen, die für diesen Tempel gemacht wurden.

Im vorspanischen Mexiko hatte der Tanz sich noch nicht vom Kultus losgelöst. Er wurde nur bei religiösen Festen geübt und da in den verschiedensten Formen. Aber konnte er nicht trotzdem den Ausführenden eine Quelle der Freude sein? Gewiß war die Beteiligung an den zeremoniellen Tänzen und bei Aufzügen und Festvorbereitungen eine willkommene Unterbrechung des eintönigen häuslichen Lebens.

Fast keines der zahlreichen Feste wurde ohne Tanz gefeiert. Und an den meisten nahmen die Frauen teil, ebenso wie an den Prozessionen. Da gingen am Feste der Maisgöttin Chicomecouatl die Jungfrauen in feierlichem Aufzuge zum Tempel. Sie hatten das Gesicht bemalt mit chapopotl (Asphalt), auf den Schwefelkies gestreut war.

Arme und Beine wurden mit roten Federn beklebt. In den Händen trugen sie Maiskolben von der Ernte des vergangenen Jahres, die mit Kautschuk betropft und in Papierhüllen gesteckt waren. Diese Kolben sollten durch die Göttin geweiht werden, denn ihre Körner sollten zur neuen Aussaat dienen. Vorher aber wurden sie in die Maisscheuern gebracht, wurden dort die Herzen der Scheuern, d. h. sie machten diese lebendig. Denn es war — und ist wenigstens bei Indianerstämmen des Nordens noch heut — Glaube, daß man jedes Ding zum lebenden Wesen macht, wenn man ihm ein Herz einsetzt. Alles Volk umgab den feierlichen Zug der Jungfrauen. Kein Wort wurde gesprochen, und wenn etwa ein mutwilliger Junge vorwitzig genug war, das Schweigen mit einer übermütigen Rede zu brechen, so wurde er von der Alten, die den Zug anführte, derb abgekanzelt und zur Ruhe verwiesen. Wenn er sich das nicht ohne Gegenrede gefallen ließ, so gab es manchmal Anlaß zu lebhaftem Wortgefecht zwischen der Alten und dem Jungen.

Das Menschenopfer, das den Göttern geschlachtet wurde galt als deren Abbild und ging in der Tracht der betreffenden Gottheit einher. Es war daher natürlich, daß den weiblichen Gottheiten eine Frau dargebracht wurde.[1] Da es aber von schlechter Vorbedeutung war, wenn das Opfer sich der Traurigkeit hingab, so wurde alles aufgeboten, um es heiter zu stimmen und keine Todesgedanken in ihm aufkommen zu lassen. So hatten die Frauen auch die Aufgabe, die weiblichen Opfer zu erheitern. Mit der Frau,

---

[1] Den weiblichen Opfern wurde der Kopf abgeschnitten. Das deutet auf Mondkult. Die Schwester des Huitzilopochtli, des Sonnengottes und seiner 400 feindlichen Brüder, der Sterne — Coyolxauhqui — unzweifelhaft eine Mondgöttin, wurde nur als Kopf dargestellt. Ein solcher stand auf den Stufen des großen Tempels.

die der Göttin des Salzes geopfert wurde, tanzten deshalb alle Frauen, die bei der Salzgewinnung beschäftigt waren, verheiratete und ledige, zehn Tage lang vor dem verhängnisvollen Feste. Am Festtage selbst zogen sie singend und tanzend mit ihr zum Tempel. Je zwei hielten ein xochimecatl, einen Blumenstrick, zwischen sich. Diese Blumengewinde bestanden aus der gelben Blume, die cempoalxochitl, die zwanzigfache Blume, heißt, die bei uns unter dem Namen Studentenblnme bekannt ist. Heut wird sie in Mexiko zum Gräberschmuck am Tage Allerseelen benutzt und daher „flor de los muertos", Totenblume, genannt. Auf dem Kopfe trugen die Jungfrauen Kränze vom stark duftenden Kraut itzauiatl. Sie sangen mit hoher Stimme und vor ihnen her schritt ein Alter, der Tanz und Gesang leitete.

Oft tanzten Männer und Frauen gemeinsam. Am Fest Panquetzallistli begannen die Tänze schon viele Tage vorher. Männer und Frauen faßten sich bei den Händen und bewegten sich in Schlangenwindungen. Beim Fest Ueitecuilhuitl tanzten vornehme Männer und Frauen in reichem Schmuck und kostbaren Gewändern miteinander die ganze Nacht hindurch. Die Frauen trugen das Haar aufgelöst. Fackeln, Feuer und Räucherbecken loderten und glühten die ganze Nacht im Tempelhofe, wo der Tanz stattfand. Männer und Frauen bildeten bunte Reihe. Jeder umfaßte mit einem Arm seinen Nebentänzer, so daß eine Kette entstand und man bewegte sich im Takte zur Musik von Trommel und Gesang. Die Frauen aber, die im Tempel dienten, umtanzten mit Gesang das Opfer.

Beim Fest der großen Göttermutter und Erdgöttin, Teteoinnan, wurde schweigend getanzt. Ärztinnen und Wehmütter, deren Schützerin sie war, führten ihr zu Ehren Kampfspiele auf und veranstalteten einen großen Umzug mit dem Opfer über den Markt.

An Faschingsspiele erinnern uns manche Sitten. So wurden am Abend eines Festes die Frauen von den Männern mit Säcken geschlagen, ein andermal mit kleinen Bällen von weichem Material beworfen. Beiden Spielen lag zweifellos ein Fruchtbarkeitszauber zugrunde, denn schlagen ebenso wie mit Flocken oder Körnern bewerfen und fruchtbar machen haben im Volksglauben fast allerwärts enge Beziehung zu einander. Gewiß lag auch vielen der Tänze und Zeremonien, von denen ich hier nur einige als Beispiele aufgeführt habe, dieser Gedanke zugrunde. Denn Fruchtbarkeit von den Göttern zu erbitten ist ja der Grundzug aller Religionen und der Fruchtbarkeits-Gedanke ist nicht zu trennen vom Weibe.

Die Einehe war in Mexiko Gesetz und der Ehebruch wurde streng bestraft mit dem qualvollen Tode des Steinigens auf offener Straße. Drang solcher Fehltritt aber nicht an die Öffentlichkeit und wurde er der Göttin Tlaelcuani,[1] der Liebesgöttin, gebeichet, so war er gesühnt und vergeben und keinem weltlichen Richter stand mehr ein Urteil zu. Es gab allerlei Anzeichen für die Eheleute, eine Untreue festzustellen. Die Mäuse halfen sicher dazu. Wenn sie Körbe, Matten und Behälter benagen, dann ist einer im Hause, der Unzucht treibt. Wenn sie in den Rock der Frau, den Mantel des Mannes Löcher fressen, so weiß der andre Teil sicher, daß die Ehe gebrochen wurde. Und wenn die Küken in Gegenwart eines Ehebrechers aus dem Ei kriechen, so sterben sie mit aufwärts gestreckten Beinen. — Da aber beide Ereignisse — sowohl Mäusefraß, als auch tote Küken — in Mexiko gewiß ebensowenig zu den Seltenheiten gehörten als anderwärts, und da beide Zeichen untrüglich waren, so müssen wir annehmen, daß auch die schwere Sünde des Ehebruchs nicht gerade selten war.

---

[1] Tlaelcuani heißt wörtlich „die Dreckfresserin", weil sie den Schmutz der Sünden, die ihr gebeichtet werden, aufnimmt.

Die ehemalige Sittenstrenge geriet, wie es den Anschein hat, gegen das Ende des mexikanischen Reiches in Verfall, ein Vorgang, der bei zunehmendem Reichtum und wachsender Machtfülle eines Volkes fast immer eintritt[1]. Und wie bisher überall alle Anstrengungen, die doppelte geschlechtliche Moral aus der Welt zu schaffen, umsonst gewesen sind, so waren auch in Mexiko die Forderungen in geschlechtlichen Dingen recht verschieden an Mann und Weib, und natürlich stellte man höhere und strengere an die Frau.[2] Es ist nur folgerichtig, daß jeder außereheliche Verkehr einer verheirateten Frau als Ehebruch galt. Beim Manne ist von solchem nur die Rede, wenn er mit einer verheirateten Frau stattgefunden hat.

Der Vater verlangt zwar von seinem Sohne ein keusches Leben und schildert ihm die Folgen geschlechtlicher Ausschweifungen in düstersten Farben, er beschwört ihn seiner künftigen Frau treu zu sein und sich mit andern Weibern nicht einzulassen, aber die Reichen und Vornehmen hielten Sklavinnen und Kebsweiber und in den großen Städten blühten die Freudenhäuser. Kupplerinnen werden als besondere Zunft genannt und künstlicher Abort war häufig. Aphrodisiaca waren wohlbekannt, wie aus der dringenden Warnung des Vaters an seinen Sohn hervorgeht, Speisen und Getränke zu meiden, die von schlechten Weibern verabreicht werden, da sie die Geschlechtslust reizten, oft in einem Maße, das zum Tode führen könne.

Der Jüngling wurde aus dem Junggesellenhause entlassen, um sich zu verehelichen, aber er war dem Umgang mit Weibern nicht fremd geblieben, denn er war im Junggesellenhause keineswegs verboten und den Freudenmädchen war der Eintritt dort nicht versagt. Ähnliche Sitten sind uns ja auch von andern Völkern genugsam bekannt.

---

[1] Die Vorschriften für die religiösen Fasten verlangten Enthaltung vom Genuß des Chilepfeffers und vom Weibe.

[2] Wenigstens in der Praxis, während die Moralgesetze an beide Geschlechter die gleichen Forderungen stellten.

Auch im Kultus spielten die öffentlichen Dirnen eine Rolle, und wir finden auch dazu in vielen Religionen Parallelen. Ich will nur an die Bacchantinnen der klassischen Völker erinnern. Es ist dies auch durchaus nicht erstaunlich, wenn man bedenkt, daß der Begattungsakt überall als eine Art Fruchtbarkeitszauber gilt. So wird uns vom Feste Tlaxochimaco berichtet, bei dem Tempel und Götterbilder mit reichem Blumenschmuck versehen wurden, daß die tapfersten der Männer einen feierlichen Reihen schritten mit den öffentlichen Weibern.

In dem schon erwähnten zehnten Buche des Sahagun, in dem die Verwandtschaftsgrade, Berufe, Handwerker und Kaufleute aufgezählt und kurz geschildet werden, ist auch diesen Frauen ein Abschnitt gewidmet. Obgleich er vom christlichen Abscheu des Missionsschülers, der ihn verfaßte, beredtes Zeugnis gibt, ist doch aus ihm nicht viel mehr zu entnehmen, als daß sie außer auf ihren auffallenden Putz auch großen Wert auf Sauberkeit legten, und daß sie es besonders liebten chicle[1] zu kauen, um die Zähne rein zu halten. So eifrig betrieben sie dieses Vergnügen, daß das dabei hervorgebrachte Geräusch die Spanier an das Klappern der Kastagnetten erinnerte.

Arbeit und Lust, Mühsal und Freude finden alle ihr Ziel und ihr Ende. Der Gedanke an den Tod war der alten Azteken ein vertrauter. Ihre Lebensauffassung war von Schwermut erfüllt, und in keiner ihrer feierlichen und gemütstiefen Reden fehlt der Hinweis auf den Tod. Ihre Vorstellungen vom Schicksal der Gestorbenen waren fest umrissen. Sie glaubten an drei verschiedene Orte, zu denen die Toten eingingen: Unterwelt, Paradies und Himmel. Diese Einteilung aber hatte nichts zu schaffen mit dem sittlichen Wert und Unwert des Dahingeschiedenen, oder etwa mit seiner Stellung im Leben. Sie war

[1] Siehe Anmerkung im Abschnitt II.

von alledem völlig unabhängig und lediglich die Todesart entschied darüber, wohin der Verstorbene wanderte.

Die eines natürlichen Todes durch Alter oder an Krankheit Gestorbenen gingen zur Unterwelt, in das Reich Mictlantecutlis, des Todesgottes, und seiner Gattin Mictecaciuatl. Da aber die Wanderung, die sie dorthin anzutreten hatten, schwer und von vielen Hindernissen bedroht war, so traf man umfassende Vorkehrungen, um sie den Toten zu erleichtern.

Die Abschiedsrede eines Alten an dem Totenlager lautete: „Oh mein Sohn! (meine Tochter!) du hast die Arbeit und die Leiden dieses Lebens überwunden. Unserm Herrn hat es gefallen, dich abzurufen, denn wir haben kein ewiges Leben auf der Erde und kurz, wie wir uns an der Sonne wärmen, ist unser Leben. Er hat uns das Glück geschenkt, daß wir uns in diesem Leben kennen und miteinander reden durften, jetzt aber haben dich Mictlantecutli und Mictecaciuatl zu sich gerufen in ihr Reich, wohin wir alle gehen. Dort ist Raum für alle, denn es ist sehr groß. Hier aber wird dein Name ausgelöscht. Du gehst nach dem finstersten Orte, wo es kein Licht gibt und keine Fenster und du wirst nicht wieder von dort weggehen, wirst nicht wiederkehren. Auch wirst du dich nicht bemühen, noch bestreben zurückzukommen, nachdem Du für immer fortgegangen bist. Deine armen Kinder und Enkel hast du verwaist gelassen, du weißt nicht, wie es ihnen gelingen wird, wie sie die Mühseligkeiten dieses Lebens überwinden werden. Wir aber werden dir dahin folgen, wohin du jetzt gehst, ehe viel Zeit verstrichen sein wird."

Der Tote wurde mit Papier ausgestattet und geschmückt[1]

---

[1] Mit Papierfähnchen wurden auch die Todesopfer und Mumienbündel geschmückt. Papier mit Kautschuk betropft wurde vielfach bei religiösen Zeremonien verwendet. Es wurde aus der Rinde des Amate-Baumes, einer Feigenart, gefertigt. Daher amatl = Buch.

ein chalchihuitl[1] zwischen seine Lippen gelegt und Wasser, über seinem Haupte ausgeschüttet: „das ist das Wasser das dich erfreute, als du auf der Erde lebtest". Ein mit Wasser gefüllter Krug wurde ihm auf den Weg mitgegeben. Dann händigte man ihm die Pässe ein, die es ihm ermöglichen sollten, die Hindernisse seiner Reise zu überwinden.[2] „Hier ist, womit du zwischen den zusammenschlagenden Bergen hindurchgehst", „Hier ist, womit du den Weg überschreitest, den eine Schlange bewacht", „Hier ist, womit du an der grünen Eidechse vorübergehst", „Hier ist, womit du die acht Wüsten durchquerst", „Hier ist, womit du die acht Hügel ersteigst", „Hier ist, womit du dem Messerwind überwindest". Um den Toten vor diesem schneidenden Wind und seiner eisigen Kälte zu schützen, verbrannte man seine Kleider, Waffen, Taschen und Kriegsbeute, damit diese Dinge mit ihm gingen und ihn wärmten. Für die Frauen verbrannte man außer ihren Kleidern auch ihr Spinngerät. Diese Verbrennung fand achtzig Tage nach dem Tode statt.

Das letzte schwere Hindernis, das überwunden werden mußte, war ein Fluß, chiconaoapa, das neunfache Wasser, der durchschwommen werden mußte und nur ein roter Hund konnte dabei Hilfe leisten. Deshalb wurde ein solcher mit dem Toten verbrannt. Wenn dann schließlich nach langer, mühseliger Wanderung der Tote vor dem Herrscherpaar der Unterwelt stand, so hatte er seine Papiere zu übergeben, ein Bündel Kiefernholz, Wohlgerüche, lose Baumwolle und rote Fäden darzubringen, ferner einen Mantel und eine Schambinde. Die Weiber aber brachten Hemden, Röcke und ihr Spinngerät.

Nach der Verbrennung wurden Asche, Knochen und Kohlen gesammelt und mit dem grünen Stein, der zwi-

---

[1] Siehe Anmerkung im Abschnitt II. [2] Worin diese Pässe bestanden, wissen wir nicht. Vermutlich waren es mit Hieroglyphen bemalte Papierstreifen.

schen den Lippen des Toten gelegen hatte und der sein Herz bedeutete, in einem tönernen Gefäß beigesetzt, häufig im Boden seines eignen Hauses.

Die durch Blitzschlag Getöteten, die Ertrunkenen und Wassersüchtigen kamen nach Tlalocan, dem Reich des Wassergottes Tlaloc, das als ein Land der Fülle, ein Paradies geschildert wird. Sie wurden nicht verbrannt, sondern begraben. Ihre Stirn wurde blau gemalt, der übrige Teil des Gesichts mit Melde bestreut und in die Hand gab man ihnen einen Zweig.

In den Himmel aber, in das Reich der Sonne, gingen die Männer ein, die den Kriegertod oder den Opfertod erlitten hatten und die Frauen, die im ersten Kindbett gestorben waren.

Damit schloß das Leben auf dieser Erde. Es war für die Frauen kein reiches und bewegtes. Aber es war gewiß nicht ärmer an Freuden, als das der meisten Frauen zu andern Zeiten, unter andern Breiten. Es verlief meist im Hause, war aber nicht abgeschlossen von der Außenwelt. Und wenn wir auch nicht allzuviel davon wissen, so genügt es doch, um mit ein wenig Einbildungskraft das Gerüst mit Leben zu umkleiden. Ich aber versage mir, dieser Verlockung zu folgen, denn es ist die Absicht dieser Blätter, nur die Kenntnis dessen zu vermitteln, was wir wissen.

Singender Paukenschläger. Codex Magliabecchiano.

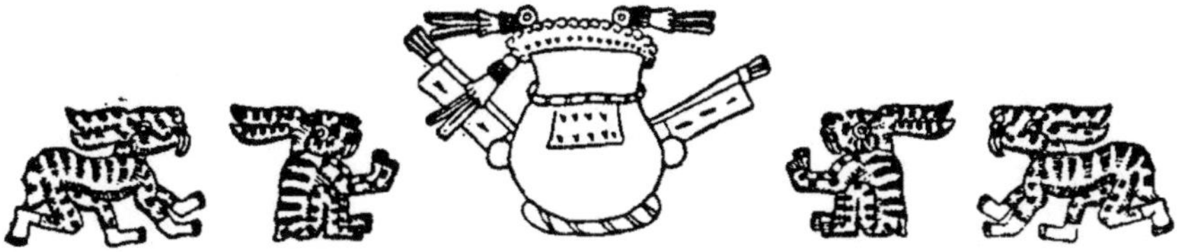

Der Pulquetopf und die Kaninchen (tochtli), die Pulquegötter.

VII. ZWEI LEGENDEN.

Märchen, Sagen, Erzählungen pflegen der Niederschlag dessen zu sein, was im Bewußtsein des Volkes lebt. Mythos und geschichtliche Erinnerung verweben sich mit Begebenheiten des täglichen Lebens. Und die Gleichartigkeit des menschlichen Geistes zu allen Zeiten und unter allen Breiten wird uns vielleicht niemals deutlicher als darin, daß in allen Märchen und Geschichten die Triebe des Geschehens stets die gleichen sind, wenn auch das Gewand in das sie sich hüllen ein wechselndes ist. Denn die Fantasie wird von der äußeren Umgebung angeregt und genährt. So finden wir auch in den Sagen und Legenden der Azteken all die guten und bösen menschlichen Eigenschaften, die wir aus unsern eignen Volksbüchern kennen, die uns im nahen und fernen Orient, im höchsten Norden, in Afrika und Südamerika — kurz überall auf der Erde immer wieder begegnen. Liebe und Liebesgram, Neid und Verrat, Verführung und Zauberei. Wir finden den über alle Ränke und Tücke der Gegner triumphierenden, siegreichen Helden und die Frau, die aus den ihr von Gebrauch und Sitte gezogenen Schranken heraustritt — die Frau als Persönlichkeit.

Diese Art von Geschichten ist uns nur in wenigen Stücken überliefert und ihre Niederschrift stammt zum Teil aus später Zeit. Das zeigt uns die äußere Einkleidung. Aber ihr Kern ist alt. Er ist aus dem Mythos geboren, aber menschlich geworden. Wegen der Rolle, die den Frauen darin zugewiesen ist, will ich die beiden folgenden Sagen hier erzählen.

Die Geschichte vom Toueyo und der schönen Tochter Uemac's.[1]

Zu der Zeit, als der Gott Quetzalcouatl — die Federschlange — unter den Menschen weilte und über das Volk der Tolteken herrschte, sie in allen Kunstfertigkeiten unterrichtete, sie lehrte den kostbaren Grünstein zu schneiden und feine Gold- und Silberarbeiten zu fertigen, als er ihnen Reichtümer und große Fruchtbarkeit bescherte, erweckte er den Neid dreier Zauberer. Der größte unter ihnen war Tezcatlipoca — der rauchende Spiegel —. Und er übte List und Trug nicht nur gegen Quetzalcouatl, sondern auch gegen dessen Getreue, Freunde und Untertanen.

Er verwandelte sich in einen fremden Indianer und zwar in einen Toueyo. So nackt wie die Leute seines Stammes zu gehen pflegen, ging er auf den Markt, suchte sich dort einen Platz gerade gegenüber dem Palaste und verkaufte grüne Pfefferschoten.

Zu der Zeit war Uemac Fürst der Tolteken, denn Quetzalcouatl lebte wie ein Priester und hatte keine Kinder. Uemac hatte eine sehr schöne Tochter und alle Tolteken hegten den sehnlichen Wunsch, sie zu heiraten, aber der Vater wollte sie keinem geben. Die schöne Fürstentochter schaute hinaus auf den Markt und sah den

---

[1] Toueyo heißt Nachbar. Es wurden aber mit diesem Worte die dem benachbarten Stamme der Huaxeteken angehörigen Männer bezeichnet. Diese genossen geringe Achtung und galten als schamlos, weil sie keine Schambinde trugen, sondern nackt gingen, auch dem Weingenuß ergeben waren. Ihre Tapferkeit aber war berühmt. — Die Geschichte ist dem Sahagun nacherzählt.

nackten Toueyo. Allsogleich verliebte sie sich in ihn, begehrte ihn und wurde krank vor Liebe. Als ihr Vater das sah, fragte er ihre Dienerinnen: „Was für eine Krankheit hat meine Tochter?" Sie antworteten: „Herr an dieser Krankheit ist der nackte Toueyo schuld. Sie sah ihn und wurde krank vor Liebe." Da rief Uemac die Tolteken und befahl ihnen: „Geht und sucht den Toueyo, der sich hier umhertreibt und grünen Chile[1] verkauft." Sie suchten ihn allerorten, aber sie fanden ihn nicht. Ein Ausrufer erstieg das Gebirge Tzatzitepac und rief über's Land: „Tolteken, so ihr einen Toueyo findet, der sich hier umhertreibt und grünen Chile verkauft, bringt ihn vor den Fürsten Uemac." Und sie suchten ihn alle und fanden ihn nicht, und sie gingen zu dem Fürsten und sagten ihm das. Bald aber erschien Toueyo wieder an seinem alten Platz auf dem Markte und verkaufte grüne Pfefferschoten. Als man ihn da fand, meldete man es dem Uemac, der befahl, man solle ihn vor ihn führen. Als er vor ihm stand, fragte er ihn, woher er sei und Toueyo antwortete: „Ich bin ein Fremder und hierhergekommen, um grünen Chile zu verkaufen." Da fragte ihn Uemac: „Weshalb trägst Du keine Schambinde und bedeckst dich nicht mit einem Mantel?" Und Toueyo antwortete: „Das ist bei uns so Sitte." Da sagte Uemac: „Du hast meiner Tochter gefallen und mußt sie gesund machen." Toueyo aber antwortete: „Das kann nicht sein, Herr, lasset mich lieber töten. Ich bin hierhergekommen, mir meinen Lebensunterhalt zu verdienen mit dem Verkauf von grünem Chile. Ich bin nicht würdig, solche Worte zu hören." Uemac aber sagte zu ihm: „Du mußt durchaus meine Tochter gesund machen, fürchte nichts." Darauf wurde er ins Haus geführt, man wusch ihn und schor ihm die Haare und bemalte seinen Körper. Man legte ihm eine

---

[1] Moderne Form für chilli, spanischer Pfeffer.

Schambinde an und bedeckte ihn mit einem Mantel. Und als Uemac zu ihm sagte: „Gehe hinein zu meiner Tochter" tat er so. Toueyo schlief bei ihr und sofort wurde sie gesund. Auf diese Weise wurde der Toueyo der Tochtermann des Uemac.

Die Tolteken aber waren unzufrieden, daß die schöne Tochter Uemac's einen Fremden geheiratet hatte und Uemac selber schämte sich seines Schwiegersohnes, der ein Fremder war und ein Toueyo. In einem Kampfe, in dem die Tolteken mit den Leuten von Coatepec und Zacatepec verwickelt waren, verließen ihn alle schnöde und verräterisch. Sie glaubten, er würde von den Feinden erschlagen werden und hinterbrachten die Kunde seines Todes dem Uemac, der sich ihrer freute.

Toueyo aber hatte alle Feinde in die Flucht geschlagen und kehrte als Sieger zurück. Er wurde auch als solcher empfangen und geehrt, und Uemac sagte zu ihm: „Ich bin zufrieden mit dem, was du getan hast und die Tolteken sind es auch. Du bist tapfer gewesen vor dem Feinde. Ruhe nun aus."[1]

Die Geschichte von Xochitl[2], die den Pulque erfand[3].

Dem Volke der Tolteken war eine Prophezeiung geworden, daß sein Reich zugrunde gehen solle, bevor es tausend Jahre bestanden hätte. Und es waren alle Zeichen angegeben, die dem Untergange vorausgehen und ihn anzeigen sollten. Die Verderbtheit des Fürsten und die Verwilderung der Sitten derer, die sie zu hüten und die das Volk zu leiten berufen waren, der Priester und der Herren, sollte dem Zusammenbruche vorausgehen.

---

[1] Ständige Begrüßungsformel für einen vom Kriege oder von der Reise Heimkehrenden. [2] Sprich: Schotschitl. Das Wort bedeutet Blume. [3] Veytia nacherzählt.

Als achter König herrschte über die Tolteken Tecpantcaltzin. Zu ihm kam eines Tages einer seiner Großen Papantzin und brachte ihm Geschenke. Darunter war ein Krug mit einem Getränk gefüllt, das die Tochter des Papantzin, die schöne Xochitl erfunden hatte. Es hieß octli (Pulque) und ihr Vater hatte sie selbst zur Überbringerin des gefüllten Kruges ausersehen. Sie war jung und von außergewöhnlicher Schönheit. Dem König gefiel der neue Trank ausnehmend, aber mehr noch gefiel ihm das schöne Mädchen, das ihn brachte. Er bat den Vater seine Gabe zu wiederholen und sie jedesmal durch Xochitl zu übersenden. Und Papantzin willfahrte dem Wunsche des Königs. — Einmal aber konnte der König seiner Begierde nicht mehr widerstehen und verführte Xochitl. Er schloß sie in einem seiner vielen Paläste ein und umgab sie dort, wo er im geheimen mit ihr verkehrte, mit größtem Wohlleben und reichster Pracht. Hier gebar sie ihm einen Sohn, dem der Name Topiltzin gegeben wurde.

Die Eltern der Xochitl waren sehr bekümmert über das Verschwinden ihrer Tochter und suchten lange vergebens nach ihr. Aber endlich gelang es ihnen doch, heimlich zu ihr zu dringen und sie klagte ihnen ihr Leid. Papantzin ging zu dem König und warf ihm das schwere Unrecht vor, das er an seinem Kinde verübt hatte. Tecpantcaltzin erwiderte ihm, daß er die Xochitl gern zu seiner Gattin genommen hätte, wäre er nicht verheiratet. Da er aber ohne Leibeserben aus seiner Ehe sei, so wolle er ihren Sohn als seinen rechtmäßigen Erben anerkennen. Und so geschah es. Als die Königin starb, nahm Tecpantcaltzin die Xochitl zum Weibe und erkannte Topiltzin als Thronerben an.

An diesem Sohne aber nahm er mit Grauen und Bekümmernis viele von den Zeichen wahr, die für den letzten Herrscher der Tolteken vorhergesagt worden waren. So war z. B. Topiltzin mit einem Kopf voll krauser Haare aus seiner Mutter Leib gekommen, und diese Haare strebten in Form einer spitzen Mütze hoch über der Stirn empor.

Unter den Verwandten des Königs regte sich der Neid gegen den unehelich gezeugten Sohn, und das Reich wurde durch sie wiederholt in Kriege verwickelt. Wenn der König ins Feld zog, so übergab er die Zügel der Regierung seiner Gemahlin, die sie in fester Hand hielt, und auch in Friedenszeiten übte Xochitl großen Einfluß aus. Als Topiltzin alt genug geworden war, verzichtete Tecpantcaltzin zu seinen Gunsten auf den Tron. Er herrschte während der ersten vier Jahre weise und gerecht. Bald aber übermannten ihn böse Begierden und Lüste. Die Priester wurden seine Mitschuldigen, und alle Bande der Zucht und Scham wurden zerrissen. In den jahrelangen Kriegen, in die das Reich immer aufs Neue verwickelt wurde, konnten die Tolteken zuletzt ihren Feinden nicht mehr widerstehen. In einer großen Schlacht verlor der alte König Tecpantcaltzin sein Leben. Er war 150 Jahre alt geworden. Im Laufe des Krieges hatte Xochitl die Frauen zum Kriegsdienst aufgerufen, sich an ihre Spitze gestellt und mit ihrer Schar Heldentaten verrichtet. Mit vielen Wunden bedeckt, fand sie den Kriegertod im Kampf.

Topiltzin verbarg sich in einer Höhle im Gebirge von Toluca und verließ sie erst, nachdem die Feinde das ganze Reich zerstört hatten. Dann ging er in das Nachbarreich der Chichimeken, wo er Aufnahme fand und bis zu seinem Tode blieb.

Pulque-Agaven.

Goldene Halskette.

VIII. DIE KLEIDUNG.[1]

Wenn heut die Frauen Alt-Mexikos zu neuem Leben erständen, so würden sie keine Schwierigkeit finden, sich in ihrer gewohnten Art zu kleiden. Vielleicht würden sie über die neue Art und Form der Stickereien erstaunt sein, mit denen Röcke und Hemden geziert sind, aber verwunderlicher müßte es ihnen eigentlich erscheinen, daß der Zuschnitt der Gewänder die Zeit von vierhundert Jahren siegreich überdauert hat, trotzdem eine fremde Kultur und eine fremde Rasse im Lande sich eingenistet hat.

Als die Spanier nach Mexiko kamen, fanden sie dort keine nackten Wilden, sondern ein ackerbautreibendes, in manchem Kunsthandwerk wohlerfahrenes Volk. Die Kleidung der Männer freilich, die nur aus der Schambinde und, in den kälteren Landstrichen einem mantelartig um die Schultern gelegten Tuch bestand, dünkte den Mönchen ungenügend. Sie zogen den Männern Hemd und Hose an. Nur in weit vom Verkehr abgelegenen Landschaften, z. B. in Chiapas, finden sich Überreste der alten Sitte, sich nur

[1] Siehe meinen Aufsatz „zur Tracht der mexikanischen Indianerin". Comptes rendues du Congrès Internationale des Americanistes. Stuttgart 1904. Er behandelt die heutige Tracht.

mit einer Art Schambinde zu begnügen. Die Frauenkleidung jedoch konnte auch der übertriebensten Schamhaftigkeit der Nacktheit ungewohnter Mönche keinen Anlaß zu Ärgernis geben. Sie genügte allen Anforderungen europäischen Anstandes.

Die Berichte loben nur die reichgestickten Hemden und Röcke der Frauen, sagen uns aber nichts über deren Schnitt und Form. Da ist nun die Gegenwart unsre beste Quelle für die Vergangenheit. Aus der großen Anhänglichkeit der Frauen an gewohnte Art der Kleidung, wie wir sie ja auch in Europa kennen, da wo alte Volkstrachten sich erhalten haben, dürften wir allein zwar keinen sicheren Rückschluß machen. Ziehen wir aber die Übereinstimmung in Betracht, die die Erscheinung der Indianerin mit den in alten Bilderschriften dargestellten Frauen bietet, so gewinnt die Sache ein anderes Gesicht, und man kann mit Sicherheit behaupten, daß die einfachen Grundformen der Weibertracht die alten geblieben sind. Umsomehr ist dies gestattet, als sie in dem ganzen Kulturgebiet, unbeschadet größerer oder geringerer Abweichungen, gleichartig ist. Die Indianerin sieht aus, wie lebendig gewordene Bilderschrift.

Modernes Indianermädchen.

Die Kleidung besteht und bestand aus drei Stücken: dem Hemd, uipilli, dem rockartig umgelegten Hüfttuch, cueitl, und einer Binde, die diesen Rock festhält. Die

Grundform des uipil besteht aus zwei geraden Bahnen, an deren Nähten Schlitze gelassen sind, um die Arme durchzustecken. Wenn die Breite des Stoffes nicht ausreicht, werden mehrere Bahnen aneinandergenäht. Für den Kopf wird ein dritter Schlitz in der Mitte eingeschnitten, falls nicht eine vorhandene Naht offen gelassen werden kann, der durch einen aufgenähten Brustfleck gegen einreißen gesichert ist.

Der Rock ist ein etwa zwei Meter langes und einen Meter bretes Tuch, das um die Hüften gewickelt wird. Vorn werden ein paar Falten eingelegt, damit die Beine Bewegungsfreiheit haben. Hinten umschließt er das Becken ganz prall. Dieses Tuch wird mit einem langen, mehr oder weniger breiten, fest gewebten und buntgemusterten Baumwollband (heut häufig aus Wolle) festgebunden.

Die Unterschiede in Länge und Weite der Hemden, wird es wohlschon in alter Zeit gegeben haben, da sie hauptsächlich vom Klima beeinflußt sind. An der heißen Küste des Stillen Ozeans sind ganz kurze, enge Hemdchen, die die Arme freilassen und gerade hinreichen die Brüste zu bedecken, in Gebrauch. Auf dem kalten Hochlande sind sie lang und weit. Wir lernen noch eine zweite Art kennen. Dieses Stück ist nicht eigentlich ein Hemd zu nennen und führt auch einen andern Namen. Es ist als quetchquemitl, Halstuch, bekannt. Es ist ein kragenartiger Überwurf, der vorn und hinten ein Dreieck bildet, dessen Spitze nach unten hängt. Auch diese Form ist nicht verschwunden, wenn auch heut auf das eng begrenzte Gebiet der Huaxteca beschränkt. Dort hatte es auch seine Heimat, wie aus den Bilderschriften hervorgeht, die aus der Küstengegend stammen, und in denen wir die Frauen damit bekleidet sehen.[1] Die Huaxteca lieferte

---

[1] Die Frauengestalten des Codex Sanchez-Solis sind fast ausnahmslos mit dem quetchquemitl bekleidet. Auch im Vaticanus tritt er häufig in die Erscheinung.

schmuck. Man durchflocht die Zöpfe zu diesem Zwecke mit dunklen Baumwollschnüren. Diese Gewohnheit, das Haar in zwei mit dunklen, schwarzen, roten oder grünen Schnüren, tlacoyalli, durchflochtenen Zöpfen zu tragen, und sie mit deren Hilfe bei der Arbeit hoch zu binden, haben die Frauen bis heutigen Tages beibehalten. Nur machen sie keine Hörnerfrisur mehr davon. Auch offen wurde das Haar von vielen Frauen getragen, besonders von den jungen Mädchen. — Die öffentlichen Weiber pflegten die beiden Seiten des Kopfes verschieden aufzuputzen. Sie trugen z. B. ein geflochtenes Horn und die andere Hälfte des Haares aufgelöst. — Es war Mode, das Haar mit einer bestimmten Erdart und mit einer Pflanze einzureiben, die ihm einen starken Glanz verliehen.

Farben und Schminken waren sehr beliebt Die Füße wurden schwarz, Hände, Brust, Nacken und Gesicht rot, gelb, schwarz bemalt, die Zähne durch Kauen eines Krautes rot gefärbt. Wenn die Braut am Hochzeitstage ihr Gesicht mit Ocker gelb schminkte, so geschah das aus ästhetischen Gründen, da die blasse gelbe, durch bestreuen mit Schwefelkies-Pulver glänzend gemachte Farbe als schön galt. Wenn aber die Jungfrauen am Maifest sich mit Asphalt schwarze Streifen ins Gesicht malten, so war das eine symbolische Götterbemalung.

Schmuck wurde viel getragen, außer Gold waren Halsketten von Steinperlen beliebt. Man verwendete alle Arten von Steinen dazu, mit Vorliebe freilich, und als größte Kostbarkeit den chalchiuitl, den jadeïtartigen Grünstein und solche, die ihm, in der Farbe wenigstens, ähnlich waren. Auch allerlei Halbedelsteine kamen zur Verwendung, Amethyst, Karneol, Achat, auch Bergkristall, schwarzer und heller Obsidian. Muscheln, Perlmutter und Knochen lieferten ebenfalls manch zierliches Schmuckstück. Da aber kostbare Geschmeide der ärmeren Bevölkerung nicht erreichbar waren, so findet man unter den in großer Menge dem Boden entrissenen Perlen auch solche von minder wertvollem Gestein. Die vornehmen Frauen trugen reichen Goldschmuck, der von den Spaniern und auch später noch, leider zum größten Teile eingeschmolzen worden ist. Der Goldhunger pflegt nach dem Kunstwert wenig zu fragen. Bei Festen und Tänzen wurden Glöckchen und Schellen aus Kupfer und Muscheln, aber auch aus Gold, an Armen, Beinen und Sandalen befestigt, die ein lustiges Geklingel gaben.

Die Ketten und Gehänge von kleinen Steinfigürchen, die in einigen Gegenden in reicher Menge gefunden werden, scheinen den Männern vorbehalten gewesen zu sein. Aber Ohrpflöcke gehörten auch zum Frauenschmuck, wie wir das an zahlreichen Tonpuppen und Bildern sehen. Sie werden in allen Größen gefunden bis zum Umfange von Serviettenringen. Diese Pflöcke wurden aus Türkismosaik, Gold, Bergkristall, Obsidian gefertigt. Aus dem Ringe hingen oftmals Federn und Bänder heraus. Darstellungen von Frauen mit Nasen- und Lippenpflöcken sind mir nur als Götterbilder bekannt.

Es gab auch Spiegel. Von den großen, schön polierten aus Obsidian, die sich in vielen Sammlungen finden, ist freilich nicht mit Sicherheit festzustellen, ob sie tätsächlich aus vorspanischer Zeit stammen. Dagegen weiß man das von den kleinen, aus poliertem Markassit. Doch wissen wir nicht, ob sie auch den Frauen dienten, oder nicht vielmehr ausschließlich Zauberspiegel vorstellen.

Die aztekischen Frauen waren geschmackvoll und kunstfreudig genug, den Luxus nicht auf ihre Person zu beschränken. Sie liebten es auch, die Gerätschaften zu verzieren, die zur Herstellung ihrer Gewandung dienten. Besonderer Wert wurde auf die Spinnwirtel und Spindelschälchen gelegt. Die Wirtel wurden mit feinster erhabener Arbeit versehen und bemalt. Die verschiedensten mit Bewegung und Drehung verbundenen Motive sind da zu finden: Affen, Vögel, hüpfende Frösche, Spiralen, das Zeichen ollin, die Hieroglyphe für Bewegung, Ball. Auch Blumen und Daten, das heißt eines der mit einer Zahl versehenen zwanzig Zeichen des Kalenders, ferner Punkte und andere, rein ornamentale Muster finden wir da. Die Näpfchen, in denen die Spindel tanzt, waren oft nur einfach geglättet, häufig mit feinen Malereien geschmückt. Von verzierten Webehölzern ist mir nur ein sehr kleines aus Knochen mit eingeritztem Muster bekannt. Es kann nur zur Herstellung eines schmalen Bandes gedient haben.

Nähnadeln aus Kupfer sind ebenfalls gefunden worden.

Es kann nach allem nicht bezweifelt werden, daß die Aztekinnen ebensoviel Wert auf ihre äußere Erscheinung legten, als die Frauen anderer Kulturnationen.

Spinnwirtel.

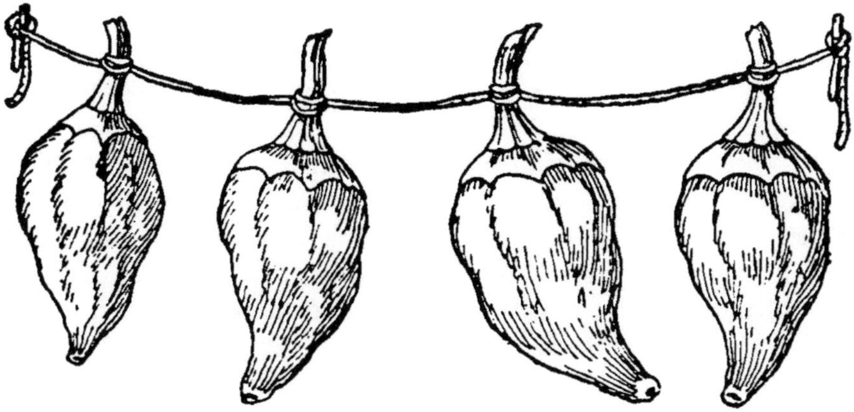

Chile.

IX. DIE KÜCHE.[1]

Wenn man eine Indianerhütte betritt in einer Gegend abseits von der Eisenbahn, braucht es keines großen Aufwandes von Einbildungskraft, sich in die späte Steinzeit versetzt zu wähnen, wie sie vor der Eroberung Mexikos im Lande der Azteken herrschte. Hier ist alles beim Alten geblieben. Die Frau am Malstein, oder das Feuer zwischen den drei Herdsteinen mit dem Palmblattfächer anfachend, läßt vier Jahrhunderte spurlos vor unsern Augen versinken.

Nicht anders wie um die Hütte und die in ihr schaltende Frau, ist es mit der Nahrung bestellt. Sie ist dieselbe geblieben seit vielen — wir wissen nicht wie vielen — hundert Jahren. Das kann nicht Wunder nehmen, vielmehr ist es sehr verständlich, denn die Nahrung des Menschen hängt von den Bodenerzeugnissen seiner Heimat ab. Wenn auch

[1] Siehe meinen Aufsatz „Mexikanische Küche" in der Zeitschrift des Vereins für Volkskunde in Berlin, Heft 4, 1909. Dort ist eine ausführliche Darstellung der Zubereitung und eine vollständigere Aufzählung der Gerichte gegeben.

wachsender Verkehr mit fremden Ländern und Völkern neue Nahrungsmittel und Pflanzen einführt und einbürgert, so sind doch solchem Vorgang feste Grenzen gezogen, denn man kann im Norden keinen Mais bauen und keine Kakaobäume pflanzen, kann in tropischen Ländern keinen Roggen säen und keine Kirschen pflücken. Wenn auch zur Zeit in Mexiko Zuckerrohr und Kaffee, ja auf dem Hochlande Weizen und Hafer gebaut werden, so doch nicht in einem Maße, das einen nennenswerten Einfluß auf die Volksernährung ausübt, in keinem Verhältnis zu dem, was von alters her dem Boden abgewonnen wurde: Mais und Bohnen. Die Einführung des Schlachtviehes aber spielt in der Ernährung des Indianers eine geringe Rolle, da er nach alter Gewohnheit überwiegend als Vegetarier lebt.

Daher brauchen wir es nicht sonderlich zu bedauern, daß die Berichte uns kein Kochbuch übermittelten und uns nur ganz allgemein gehaltene Nachrichten über die Speisen geben, die im Lande üblich waren. Die Namen dafür und die wenigen Hinweise auf die Zubereitung, die wir finden, sind dazu angetan, uns in der Überzeugung zu bestärken, daß die mexikanische Küche nur sehr geringe Veränderungen im Laufe von Jahrhunderten erfahren hat. Daß Gerichte, die einen einheimischen Namen haben aus alter Zeit stammen müssen, ist klar. Denn wenn auch die aztekische Sprache nicht ausgestorben ist, sondern von Tausenden noch gesprochen wird, so war ihre Fortbildung und Weiterentwicklung durch die Aufpfropfung einer fremden Kultur unterbunden. Sie verarmte, anstatt sich durch neue Wortbildungen zu bereichern.

Das Hauptnahrungsmittel war von jeher der Mais. Er war und ist die Nahrung, gleichbedeutend mit Fülle und Reichtum. Von seinem Wachsen und Gedeihen hing das Wohlergehen des Volkes ab. Mißriet die Ernte, so lastete Hungersnot über dem Lande. Daher nehmen die Maisgottheiten einen breiten Raum ein in der stark bevölkerten mexikanischen Götterwelt. Sie sind zugleich Götter der Freude, der Blumen, der Spiele und der Feste. Und neben ihnen stehen die Regengötter, von deren Wohlwollen eine gute Ernte abhing.

Maisstauden.

Es ist kennzeichnend für das Verhältnis der Menschen zu dieser Gabe ihres Ackers und ihrer Götter, daß sie für jede Wachstums- und Entwicklungsstufe dieser Feldfrucht eine besondere Bezeichnung hatten. Die Staude heißt toctli, der ganze Kolben elotl, der reifere, schon mit dem graziösen Narbenbüschel gezierte, jilotl, der ausgereifte Kolben cintli, der entkörnte olotl und die Körner tlaolli. Das Wort Mais aber war den Azteken unbekannt, es stammt von den Antillen.

Die Zubereitung der Maismasse, nixtamal, bildet die Grundlage der Kochkunst und erfordert gründliche Erlernung, die von dem Mädchen von klein auf geübt werden mußte. Die abgestreiften Körner werden mit kaltem

Wasser und gebranntem Kalk in einen Topf getan und zum Feuer gesetzt, wo man sie so lange kochen läßt, bis die Hülsen erweicht sind. Der ausgekühlte Mais wird sehr sorgfältig gewaschen, womöglich in fließendem Wasser, um die letzten Spuren des Kalkes zu entfernen, der nur dazu dient, die Frucht aufzuschließen. Nunmehr beginnt die anstrengende und zeitraubende Arbeit am Malstein, metlatl. Mit einem zweiten, walzenartigen Stein dem metlapilli, Sohn des metlatl, wird er zu einer gleichmäßigen, zähen, teigartigen Masse zerquetscht bis kein ganzes Korn mehr erkennbar ist. Nun ist die Hauptarbeit getan und der Mais zu einer der vielen seiner harrenden Zubereitungen und Verwendungen vorbereitet.

Unter diesen nimmt der Maisfladen, tlaxcalli, der von jeher die Stelle des Brotes vertrat, den vornehmsten und ersten Platz ein.[1] Von der Masse nimmt die Frau eine Handvoll und formt daraus einen flachen, runden Kuchen, der ohne jegliche Zutat auf dem flachen Tontiegel, comalli, geröstet wird. Je besser die Masse gewaschen und durchgearbeitet wurde, je sorgfältiger das Rösten geschieht, umso schmackhafter ist dieses nahrhafte Brot. Da es heiß gegessen werden muß — sonst wird es zäh — muß es dauernd frisch bereitet werden. Ist der Fladen kalt geworden, so wird er zur Herstellung zahlreicher anderer Gerichte verwendet. Ein Bericht im Sahagun über das, „was die Herren aßen", spricht von verschiedenen Arten von tlaxcalli. Vielleicht sind damit solche, aus kalten Fladen hergestellten Speisen gemeint. Denn da der Fladen selbst ohne Zutat bereitet wird, so können die Unterschiede nur in den zur Verwendung kommenden verschiedenen Maisarten bestehen.

Eine besondere Art ist der totopoztli genannte Fladen.

---

[1] Heut wird der Maisfladen mit dem spanischen Wort „tortilla" bezeichnet, was eigentlich Eierkuchen bedeutet.

Er hat den Vorzug längerer Haltbarkeit und wird daher von den Indianern auf ihren langen Wanderungen, die sie mit Waren über weite Stercken unternehmen, mitgeführt. Man stellt ihn auf folgende Art her: ein riesiger Tontopf wird in der Nähe des Hauses eingegraben. Man heizt ihn, indem man ein Feuer darin anmacht. Hat man die Kohlen herausgenommen, so werden die Fladen um die Innenwand des Topfes gelegt, ein tönerner Deckel darüber gestülpt und Erde darauf geschüttet. Nach etlichen Stunden ist ein knuspriges, wohlschmeckendes Gebäck entstanden. Daß in manchen Gegenden solch große, rauchgeschwärzte Töpfe ausgegraben worden sind, liefert den Beweis für das Alter des Verfahrens.[1]

Eins der vornehmsten und leckersten Maisgerichte, das von jeher als Festspeise galt ist der tamalli, ein gefüllter Kloß, der in ein Maisscheideblatt eingewickelt und dann im Dampfbade vierundzwanzig Stunden gekocht wird. Bei einer großen Anzahl der vielen Feste wird stets der dazu bereiteten tamales Erwähnung getan. Bei der Aufzählung der Vorbereitungen für die Bewirtung der Hochzeitsgäste heißt es, das ganze Haus sei Tag und Nacht mit der Herstellung von tamal beschäftigt gewesen. Und so geht es in der Tat noch heute zu. Wenn zu einem Festtag oder um einen Gast zu ehren, dieses Gericht auf den Tisch kommen soll, so wird seine Zubereitung zu einem kleinen Familienfeste, denn alle Hausbewohner vereinigen sich, um dabei zu helfen. Jeder arbeitet gern mit und schwelgt im Vorgenuß des Leckerbissens. Man gab den Klößen eine Füllung von Truthahnfleisch, von Fischen, Schnecken, Pfefferschoten oder etwas Süßem, auch Bohnen wurden dazu verwendet.

---

[1] Ich weiß nicht, ob man in alter Zeit auch im Hochland totopoztli herstellte. Heut geschieht dies nur an der pazifischen Küste.

Aus der Maismasse stellt man auch eine Speise her, die etwa die Stelle einnimmt, wie bei uns die Hafersuppe. Sie heißt a t o l l e. Sie kam schon im alten Mexiko auf den Märkten zum Verkauf und da kann man sie auch heute noch finden Die Masse wird durch ein Sieb gedrückt und unter fleißigem Umrühren gekocht. Um den etwas faden Brei schmackhafter zu machen, setzte man Kakao, Honig oder verschiedene Samen zu. Genau wie noch heute.

Der übrig gebliebene n i x t a m a l säuert leicht. Er wird dann mit warmem Wasser angerührt und gibt ein sehr bekömmliches und erfrischendes Getränk. Die Indianer führen auf ihren Wanderungen Maismasse mit und können sich überall, wo Feuer und Wasser zur Hand sind, diesen Trank bereiten. Man nennt ihn p o z o l.

Neben dem Mais behaupten die schwarzen Bohnen ihren alt angestammten Platz. Sie sind sehr dunkel und klein, aber schmackhafter als unsre großen weißen. Auch sie werden auf mancherlei Art zubereitet, nachdem sie gut weich gekocht sind, was mehrere Stunden beansprucht.

Als Dritter im Bunde gesellt sich zu Bohnen und Mais der c h i l l i, in Europa als spanischer Pfeffer bekannt. Er gibt dem Essen erst die rechte Weihe. In seiner Verwendung kommt die ideale Seite der mexikanischen Kochkunst zu ihrem Recht. Welche Wertschätzung ihm von jeher gezollt wurde, kann man daraus entnehmen, daß die Religion, während der längeren und kürzeren Fasten, den Azteken Enthaltung vom Weibe und vom c h i l l i gebot. Es gibt vielerlei Arten dieser Pflanze und jede hat ihren besonderen Namen. Er ist nicht nur Würze, sondern liefert auch selbständige Gerichte. Seine Hauptverwendung aber findet er in der scharfen Soße mit Namen m o l l i, die zu Truthahn, Bohnen, Maisgerichten genossen wird, und ebenso wie Bohnen, e t l, und tortilla bei keiner Mahlzeit fehlen durfte und darf. Eine gute c h i l m o l l e zu bereiten ist noch stets der Ehrgeiz einer Indianerin gewesen. Die tönernen Reibschalen, molcaxitli, heut molcajete genannt, die zur Herstellung gebraucht werden, kommen bei Ausgrabungen in Mengen zutage. Ebenso findet man die dazu gehörigen Stößel, texolotl, was Steinzwilling heißt, weil er an beiden Enden Ausladungen hat, zwischen denen die Hand Platz findet.

Außer dem chilli dienten allerlei Samen, Kakao, Vanille als Gewürze und zum Süßen wurde wilder Honig benutzt.

Bescheiden bestellt war es um die Gemüse. Außer einer Melde-Art und der süßen Kartoffel, camote, wüßte ich nur Kürbisse und eine Wasserrübe xicama zu nennen. Ob auch die alte Zeit schon die fleischigen, blattähnlichen. Stile des Feigenkaktus, nopalli, zum kochen verwendete, ist mir nicht bekannt, ebensowenig, ob man in den warmen Gegenden den Genuß des Palmkohls kannte.

Dagegen leidet das Land an eßbaren Früchten keinen Mangel. Es seien hier nur die bekanntesten aus ihrer reichen Zahl genannt. Da ist vor allem die tomate in verschiedenen großen und kleinen, roten und grünen Arten. Dann die prächtige chirimoya, deren weißes Fleisch wie eine Sahnenspeise schmeckt. Die aguacate, Butterfrucht, deren fetthaltiges, gelbliches Fleisch ebenso nahrhaft, wie wohlschmeckend ist. Die guajave, die verschiedenen zapote-Arten, als da sind: mamey, chico und prieto. Ferner nanche, capulin und tecojote. Dazu noch vielerlei Kaktusfrüchte, vor allen die tuna, die Frucht des Feigenkaktus und die pitaya.

Fleischgerichte spielten keine große Rolle in der Küche des Indianers. Es scheint, daß der Tisch der Herren ein wenig reichlicher damit besetzt war. Aber die Auswahl war gering und es blieb immerhin ein seltener Leckerbissen. Der einheimische Truthahn sei hier zuerst genannt. Der huexolotl (das alte Gespenst), heut in guajolote verballhornt, genoß große Verehrung und lieferte den Festbraten — ganz wie heut. Mit chilmolle zubereitet bedeutet er einen Höhepunkt kulinarischer Genüsse. Hunde wurden gemästet und gegessen. Wachteln, Fische, Taschenkrebse, Frösche, die Larve des Wassermolches, axolotl (das Wassergespenst), die nur im See von Tezcoco lebt, die Maguey-Würmer lieferten leckere Gerichte. Vermutlich wurde auch Wildpret gegessen, denn man ging auf die Jagd und verehrte einen Jagdgott, den Camaxtli. So werden Hirsch und Hase, Gürteltier und Wildgeflügel auf einer wohlbesetzten Herrentafel nicht gefehlt haben.

Was dort ebensowenig fehlen durfte, war Schokolade. Den einfachen Haushaltungen des Hochlandes wird sie kaum zu beschaffen möglich gewesen sein, denn der Kakao kam von der Küste des Golfes auf langen, sehr beschwerlichen und gefahrvollen Wegen. Er war daher zweifellos sehr teuer. Um so mehr, da die Kakaobohnen die Stelle des Geldes vertraten. Die Zubereitung des cacahuatl (Kakao, Schokolade) scheint sich von der heute üblichen nicht unterschieden zu haben. Jedenfalls wird berichtet, daß man auch damals das köstliche Getränk mit hohem Schaum darauf anrichtete. Seinen feinen Geschmack konnte man durch Milch nicht ertöten, wohl aber verstand man ihn durch Vanille, ixtlilxochitl (die schwarze Blume) zu heben.

Einige Worte seien noch dem Pulque gegönnt. Dies berauschende Getränk des Hochlandes — denn nur dort gedeiht die Pulque-Agave — wird heut in großen Mengen genossen und die Hauptstadt weiß, wie ein Pulque-Rausch aussieht. In alten Zeiten war das Trinken von octli (Pulque ist ein Fremdwort) ein halb religiöser Akt. Es war nicht gestattet, mehr als vier Becher zu trinken und Trunkenheit wurde mit dem Tode bestraft. Nur alten Leuten, die über 70 Jahre alt waren und Kinder und Enkel hatten, war gestattet sich einen Rausch zu trinken. Der Pulque wird gewonnen aus dem Saft, den die Maguey, metl, in langen Jahren angesammelt und vorbereitet hat, um ihre Blüte zu bilden. Indem man den Blütenschaft ausschneidet, sobald er zu treiben beginnt, schafft man eine Höhlung in der sich dieser Saft sammelt. Dies honigsüße, kühle, erfrischende Nass, der tlachique, wird herausgehebert und einer dreiwöchentlichen Gährung überlassen. Der reife Pulque hat eine schmutzig weiße Farbe, einen leicht säuerlichen Geruch und erinnert im Geschmack an Berliner Weißbier. Er soll viel Nährstoffe enthalten und ist, in geringen Mengen genossen, sehr bekömmlich.

Wie sah es nun in der Küche aus, in der all die leckeren Speisen bereitet wurden? In unsrer Indianerhütte aus der späten Steinzeit liegen ungefähr in der Mitte die drei heiligen Herdsteine, die tenamaztli, zwischen denen das offene Feuer brennt, als sei es seit vierhundert Jahren niemals erloschen. Am Boden, nicht weit davon, stehen die Malsteine — ein großer für den nixtamal, zwei kleinere für Kakaobohnen und für Pfefferschoten.

Nicht nur auf hübsch verzierte Spinngeräte legte die Frau großen Wert, sie wollte auch hübsche Küchengerätschaften haben. Und so finden wir denn sehr sorgfältig gearbeitete große und mit zierlicher Steinmetzarbeit versehene kleine Malsteine unter den ausgegrabenen.

Zum Kochgeschirr gehörte außer dem irdenen Topf, comitl, der flache Tontiegel, comalli. Ferner die meist dreifüßige, hübsch bemalte Reibschale für chilmolle, mit kreuzweis auf der Innenwand eingeritzten Furchen, die in verschiedensten Ausführungen in großer Menge gefunden werden. Als Sieb dient eine Schale von der Frucht des Kalabassenbaumes mit verziertem Rand, zum aufbewahren kleiner Lebensmittelmengen weiche Körbe aus Palmstroh, tenate, tompiate, Schalen von Früchten, xicalli (jicara), oder von Ton. Kürbisflaschen, Feuerfächer und Schokoladenquirle hängen und liegen umher.

Kein Gebiet altmexikanischen Lebens liegt so klar und

deutlich, so greifbar vor uns, als das der Küche und der Nahrung, das sich unverändert erhalten hat, dieses stets der Frau zustehende Arbeitsgebiet. Und wir können unsre Hochachtung den Frauen nicht versagen, die mit einem für unsre Begriffe recht engen Kreis von Nahrungsmitteln und mit einfachem Gerät so mannigfaltige leckere Gerichte zu erfinden wußten, die auch manch verwöhntem europäischen Gaumen herrlich munden.

Küchengeräte.

Schale zum Reiben der Pfefferschote. mulcajete.

Der Malstein mettatl.

Sieb aus einer Kalabasse gefertigt.

SCHLUSSWORT.

Hier endet mein Wissen. Spärlich fließen die Quellen und es ist geringe Hoffnung, daß neue erschlossen werden.

Wenn ich in der Einführung sagte, daß uns über die Stellung der Frauen im Gefüge des Staates und der Gesellschaft nur wenig bekannt sei, so wird man nunmehr diese Ansicht wohl gerechtfertigt finden. Aber vielleicht ist doch die Vorstellung lebendig geworden, daß es nicht gar so schlecht darum bestellt war.

Ich denke mir, daß die sozialen Verhältnisse zur Zeit der Herrschaft Motecuhzoma's denen unseres Mittelalters nicht unähnlich gewesen sein mögen. In der breiten Masse des niederen Volkes war die Frau, was sie heut noch in der indianischen Bevölkerung ist — die Erhalterin der Familie und des Hauswesens, Kinder gebären und Hausarbeit verrichten im Dienste des Mannes, in völliger Abhängigkeit von ihm — das war und ist ihr Los. Ihre Ansprüche an die Freuden des Lebens sind und waren bescheiden. Aber sie genießt die Freuden an ihrem Nachwuchs, befriedigt ihren Stolz durch Bereitung schmackhafter Maisfladen, darf sich putzen und am Tanze teilnehmen. In den oberen Schichten des gesellschaftlichen Gefüges war die Frau zugleich die Herrin. Zwar auch dem Manne untertan, aber innerhalb ihres engen Kreises doch mehr oder weniger neben ihm stehend. Sie war die Beschützerin ihrer Untergebenen, war sorgfältig erzogen und unterrichtet, eingeweiht in die kulturellen Errungenschaften ihres Volkes. Ihre Mußestunden waren ausgefüllt mit Musik und der Anfertigungkunstvoller Stickereien.

Mexiko war ein Kulturstaat, und seiner Kultur entsprechend war die soziale Stellung seiner Frauen sowohl, als ihre rechtliche, die sie dem Manne unterordnete, aber ihr doch gegen Schädigungen und Übergriffe Schutz verlieh.

Wie aber die Formen des Lebens wechseln, wie Anschauungen, Freiheiten, Gewohnheiten sich ändern, ob heiße Tropensonne auf die Menschen herniederbrennt, ob kalter Wind des Nordes sie durchschauert — sie bleiben die gleichen durch alle Jahrhunderte. Freud und Leid, Furcht und Liebe, Kummer und Glück — das war auch der Inhalt des Lebens in Motecuhzoma's Reich.

INHALTSANGABE.